ताज़ी हवा कैसे उगाएँ

TED Talks की लोकप्रिय परिचर्चा पर आधारित

ताज़ी हवा कैसे उगाएँ

वाणी
पृथ्वी

कमल मीयत्तल
बरुन अग्गरवाल

अनुवाद
वसन्ती मीयत्तल

वाणी
प्रकाशन

प्रकाशन के उत्कृष्टतम 60 वर्ष

vaniprakashan.com

सजिल्द पहला संस्करण : 2023

वाणी प्रकाशन

4695, 21-ए, दरियागंज, नयी दिल्ली-110 002

फ़ोन : +91 11 23273167, 23275710

शाखाएँ

अशोक राजपथ, पटना-800 004, बिहार

कॉफ़ी हाउस कैम्पस, महात्मा गांधी मार्ग, इलाहाबाद-211 001, उत्तर प्रदेश

महात्मा गांधी अन्तरराष्ट्रीय हिन्दी विश्वविद्यालय, वर्धा-442 001, महाराष्ट्र

36/ए, शेक्सपियर सरणी, रानी बिरला गर्ल्स कॉलेज के पास, कोलकाता-700 017, प. बंगाल

sales@vaniprakashan.in
vaniprakashan@gmail.com

Taazee Hawa Kaise Ugaen
by Kamal Meattle, Barun Aggarwal
Translated by Vasanthi Meattle

ISBN : 978-93-5775-570-2
Environment

मूल्य : ₹ 395

आर. टेक ऑफ़सेट प्रिंटर्स, दिल्ली-110 032 में मुद्रित

वाणी प्रकाशन का लोगो मक़बूल फ़िदा हुसेन की कूची से

समर्पण

हम इस पुस्तक को अपने बच्चों और पोते-पोतियों को समर्पित करते हैं, जो जाने-अनजाने, भारतीय शहरों में रहकर अपने स्वास्थ्य का बलिदान दे रहे हैं, जिनमें अस्वीकार्य वायु गुणवत्ता है।

हम ज़िम्मेदार और दोषी महसूस करते हैं। उन्हें खुले में खेलने की अनुमति नहीं देने के लिए। और यह जानते हुए कि वे सचिन तेंदुलकर या सानिया मिर्ज़ा बनने का अपना मौक़ा खो देंगे!

हम इस पुस्तक को स्मार्ट शहरों के भविष्य के निवासियों को भी समर्पित करते हैं, जो अपनी पूरी क्षमता प्राप्त करने की चाहत रखते हैं।

"ताज़ी हवा और धूप जैसे कुछ पुराने मुद्दों को
हराना मुश्किल है।"

— लौरा इंगल्स वाइल्डर

अनुक्रम

प्रस्तावना 11

परिचय 13

हमारी हवा में क्या है ?

हवा-खामोश हत्यारा 27

अन्दरूनी हवा उतनी ही विषैली होती है जितनी कि बाहरी 48

अपने घर में हवा शुद्ध करने के लिए चार क़दम

अस्वीकरण और सफ़ाई करना 61

एक अच्छे एयर प्यूरीफायर में निवेश करें 71

सील बन्द और परिसंचरित करना 81

अन्दरूनी पौधे जो हमें ताज़ी हवा देते हैं 89

रक्षा करें और भाग लें

फेफड़ों के कार्य में सुधार के लिए आहार और व्यायाम 101

हम समुदाय में अपनी हवा को साफ़ करने के लिए क्या कर सकते हैं 111

लेखकों पर एक टिप्पणी 125

'जलवायु वास्तविकता' परियोजना पर एक टिप्पणी 127

पहाड़पुर बिज़नेस सेंटर पर एक टिप्पणी 129

'ब्रीद ईज़ी' पर एक टिप्पणी 131

आभार 132

सन्दर्भ 133

लेखक परिचय 137

प्रस्तावना

कमल मीयत्तल और बरुन अग्गरवाल द्वारा लिखित ताज़ी हवा कैसे उगाएँ, वास्तव में जानकारीपूर्ण है। हमको वायु प्रदूषण और इसके प्रभावों के बारे में सभी सवालों के जवाब मिलेंगे, और हम इसे कम करने के तरीक़ों के बारे में सीखेंगे।

इस पुस्तक में, लेखकों ने देश में पर्यावरणीय घटनाओं और टिकाऊ और इष्टतम नीतियों और सुरक्षित हवा बनाने के लिए प्रौद्योगिकियों को विकसित करने की आवश्यकता को मैप किया है। पुस्तक में बताया गया है कि पर्यावरण शिक्षा शहरी स्थिरता में कैसे योगदान कर सकती है। लेखकों ने हरे विचारों और प्रेरणाओं का भी विश्लेषण किया है और उन लोगों को एक आवाज़ दी है जो एक दीर्घकालिक स्वस्थ पारिस्थितिकी तन्त्र के विकास की ओर आगे बढ़ रहे हैं। उन्होंने पाठ को सरल रखने और बुनियादी अवधारणाओं के स्पष्टीकरण को सीमित करने का प्रयास किया है ताकि सामग्री को शुरुआती और पेशेवरों, दोनों द्वारा समझा जा सके।

मेरी राय है कि स्मार्ट शहरों में स्मार्ट वातावरण होना चाहिए। यह पुस्तक वायु प्रदूषण को कम करने और एक स्वस्थ और साँस लेने योग्य शहर के लिए एक स्मार्ट वातावरण बनाने के लिए कई उपायों पर चर्चा करती है। मैं हमेशा उन विचारों का बहुत समर्थन करता रहा हूँ जो पारिस्थितिक रूप से स्थिर वातावरण को बढ़ावा देते हैं और उन नये विचारों को प्रोत्साहित करते हैं जो भविष्य की पीढ़ियों के लिए प्रावधान बनाने के लिए प्राकृतिक संसाधनों का उपयोग करते हैं।

आज, मानव गतिविधि उस गति से बढ़ रही है जो इतिहास में कभी नहीं देखी गयी है। विकासशील देश, विकसित देशों की तुलना में, जनसंख्या वृद्धि, शहरीकरण और आर्थिक विकास ज़्यादा तेज़ी से होते हुए देख रहे हैं। इसका

यह नतीजा हुआ है कि, विकासशील देशों को, विकसित देशों की तुलना में, अधिक गम्भीर पर्यावरणीय समस्याओं, वायु प्रदूषण और अन्य सम्बन्धित मुद्दों से निपटना पड़ा है। पर्यावरण और वन मन्त्रालय में, मेरे कार्यकाल के दौरान, हमने भारत में प्रदूषण को कम करने के लिए, उपयोगी योजनाएँ शुरू की थीं, जिसमें स्वच्छ हवा को बढ़ावा देने के लिए विभिन्न नीतियों और क़ानूनों को लागू करना शामिल था। राष्ट्र को वायु का और अधिक निम्नीकरण रोकने के लिए स्वच्छ भारत अभियान जैसी और पहलों की आवश्यकता है।

मैं इस पुस्तक को लिखने के लिए लेखकों की सराहना करता हूँ जो 'स्वच्छ भारत' के सपने को आगे बढ़ाने में बहुत मदद कर सकता है। मैं उन्हें पर्यावरण जागरूकता बढ़ाने और पारिस्थितिक रूप से सन्तुलित पृथ्वी का समर्थन करने के अपने प्रयासों के लिए शुभकामनाएँ देता हूँ।

सुरेश प्रभु
वाणिज्य, उद्योग और नागरिक उड्डयन मन्त्री

परिचय

एक जुआ

एक सुबह, लगभग छब्बीस साल पहले, मैं जब उठा तो मैं साँस नहीं ले पा रहा था। इस हालत को आते हुए मुझे देखना चाहिए था लेकिन मैंने ऐसा नहीं किया। समस्या एक मामूली-सी खाँसी के साथ शुरू हुई, जिसके बाद एलर्जी हुई। मैं खाँसी की दवाओं, एलर्जी-विरोधी कश और इनहेलर की तरफ़ मुड़ गया। लेकिन जल्द ही मुझे अहसास हुआ कि साँस लेने की यह अचानक असमर्थता एक नियमित एलर्जी से अलग थी। ऐसा लगता था जैसे कोई मेरा दम घोंट रहा हो।

मैं डर गया था। मैं तुरन्त अपने डॉक्टर के पास गया। कई परीक्षणों के बाद, उनका डायग्नोसिस गम्भीर था। उन्होंने मुझे बताया कि मेरे फेफड़ों की क्षमता घटकर 70 प्रतिशत रह गयी है। मायने, मेरे फेफड़े जो पहले 4 से 6 लीटर हवा ले सकते थे, अब सिर्फ़ 3 से 4 से थोड़ा ही अधिक ले पा रहे थे। मुझे पता था कि यह आतंक के लिए पर्याप्त कारण था, क्योंकि हमारे फेफड़े, हमारे शरीर में, कई अन्य अंगों की तरह, आमतौर पर अति को सँभालने के लिए बनाये जाते हैं। हमारे रोज़ाना की ज़िन्दगी में, हम अपने फेफड़ों की 30 प्रतिशत क्षमता से अधिक नहीं इस्तेमाल करते। लेकिन डायग्नोसिस के बाद, समस्या बहुत वास्तविक हो गयी।

मैं नहीं समझ पाया कि क्या गड़बड़ हो गयी थी। मैं हमेशा सावधान रहा था। ऐसा क्या हुआ होगा कि मेरे फेफड़ों के कुछ हिस्से ने मेरा साथ छोड़ दिया?

कई दिनों के बाद, मेरे डॉक्टर के पास जवाब था। दिल्ली की हवा मेरे फेफड़ों को थोड़ा-थोड़ा करके नष्ट कर रही थी।

मुख्य अपराधी पेट्रोल में पाँच प्रतिशत बेंजीन सामग्री से आने वाली हवा में, बेंजीन का इतने अधिक मात्रा में होना था, और पेट्रोल में डाले जाने वाला स्नेहन तेल में अन्य वाष्पशील रासायनिक यौगिकों के अलावा, दो स्ट्रोक इंजन दोपहिया वाहनों द्वारा उत्सर्जित किया जाना था। बेंजीन एक कार्बनिक रासायनिक यौगिक है जिसमें एक मीठी गन्ध होती है। कोयला आसवन का एक उप-उत्पाद, बेंजीन विषाक्त और अत्यधिक ज्वलनशील है। यह अन्य पदार्थों के अलावा, पेंट, पेट्रोल और वॉशिंग पाउडर में एक औद्योगिक विलायक के रूप में उपयोग किया जाता है। अधिक मात्रा में, बेंजीन विषाक्तता केन्द्रीय तन्त्रिका तन्त्र को नुकसान पहुँचा सकती है और कार्सिनोजेनिक हो सकती है।

1990 के दशक की शुरुआत में, दिल्ली एक प्रकार का गैस चैम्बर था। सी एन जी के पूर्व। उन दिनों में राजधानी का दौरा करने में आँखों में खुजली और जलन होती थी। ज़हरीली हवा को सूँघ सकते थे आप। वाहनों और उद्योगों के धुएँ ने हवा को नष्ट कर दिया था।

मेरे डॉक्टर ने मुझे दो विकल्प दिये। एक, शहर छोड़ दें और एक स्वच्छ, हरी-भरी जगह पर बस जायें। दूसरा, दिल्ली में ही रहें और लड़ें, हालाँकि एक ख़तरनाक व्यक्तिगत क़ीमत पर।

मैंने दूसरा विकल्प चुना। मैं तब अड़तालीस साल का था, और मेरे पास न तो इस बात की इच्छा थी न ही दृढ़ता कि मैं विदेश भाग जाऊँ और बिल्कुल नये सिरे से शुरुआत करूँ। और फिर, देश छोड़ना एक विश्वासघात की तरह महसूस हुआ, क्योंकि दिल्ली मेरा घर था। यहाँ मैंने ख़ुद के लिए एक जीवन बनाया था, जहाँ मेरे दोस्त और परिवार थे। यह वह जगह थी जिससे मेरा गहरा सम्बन्ध था।

मुझे पता था कि यह या तो सबसे बहादुरी का या सबसे मूर्खतापूर्ण क़दम था। यह एक ऐसा निर्णय था जो मेरे जीवन की दिशा को बदल सकता था। और मैं इसके बारे में बहुत जागरूक था कि यह मेरे जीवनकाल को छोटा भी कर सकता है। लेकिन मैंने नहीं जाने का फ़ैसला किया। मैंने दिल्ली में ही रहने और वायु प्रदूषण की समस्या और अपने बिगड़ते स्वास्थ्य का समाधान खोजने का फ़ैसला किया। यह एक जुआ था, क्योंकि मेरे पास समय की विलासिता नहीं थी। मुझे पता था जो कुछ भी करना था, इसे जल्दी करना होगा।

मेरे डायग्नोसिस के बाद के दिनों में, मैं अपने आप पर कठोर था—कमल, आप मैसाचुसेट्स इंस्टीट्यूट ऑफ़ टेक्नोलॉजी (एम आई टी), यू एस ए से स्नातक हैं। आप भारतीय प्रौद्योगिकी संस्थान (आई आई टी), नयी दिल्ली, के शासी बोर्ड के सदस्य भी हैं। आपके पास सभी संसाधन हैं। अगर आप इस समस्या का समाधान नहीं कर सकते तो, कौन कर सकता है? मैं हर मिनट अपने आपको परेशान करता था।

आई आई टी के बोर्ड की अगली बैठक में, मैंने वहाँ सब से अपील की। ‘‘आप सभी प्रतिष्ठित लोग विद्वान और वरिष्ठ वैज्ञानिक हैं। मैं गहरी मुसीबत में हूँ। आपको मेरी मदद करनी होगी।" मैंने उन्हें अपनी दुविधा के बारे में बताया। कुछ ही दिनों में, सभी विभाग प्रमुखों ने इस मुद्दे पर चर्चा करने के लिए बैठक की। उनके पास मेरे लिए कुछ कठिन सवाल थे।

वायु प्रदूषण की समस्या कितनी बड़ी थी?

क्या कोई और इस दुनिया में इसके बारे में सोच रहा था या वायु शुद्धता पर शोध कर रहा था? वे इसे कैसे सम्बोधित कर रहे थे?

शुरुआत के लिए—क्या अन्दरूनी हवा को साफ़ करने का कोई तरीक़ा था?

शुरुआत में मेरे पास जवाब नहीं थे। और उन्हें मुझे तत्काल खोजने की ज़रूरत थी।

इसलिए हमने इन पहेलियों को हल करने में, हमारी मदद के लिए, विभिन्न संस्थानों से, जिसमें आई आई टी भी थे, स्नातक छात्रों की भर्ती की। तुरन्त काम शुरू हो गया।

जब हमने वायु प्रदूषण की समस्या में गहराई से खुदाई शुरू की, हम उसी जवाब पर वापस आते रहे—नेशनल एयरोनॉटिक्स एंड स्पेस एडमिनिस्ट्रेशन (नासा)।

नासा दुनिया में एकमात्र शोध सुविधा थी जो मंगल जैसे अन्य ग्रहों में ताज़ी हवा बढ़ाने के साथ प्रयोग कर रही थी, ताकि उनमें भी मानव की कॉलोनियाँ बस सकें। यह एक बहुत बड़ा सूराख था। भले ही हम नासा से और अधिक डाटा नहीं प्राप्त कर पाये क्योंकि उनकी जानकारी वर्गीकृत

थी, हम जानते थे कि हमें विचार करने लायक एक नुस्खा मिल गया था। हालाँकि हम बाहरी हवा को साफ़ करने नहीं निकले थे। उससे हमारी परियोजना हो अत्यधिक कठिन हो गयी होती। हम जो खोज रहे थे, वह हमारे घरों और कार्यालयों में हवा को शुद्ध करने का एक समाधान था, क्योंकि इन्हीं जगहों में हम अपना अधिकांश समय बिताते हैं।

हमने उन सवालों को पूछना शुरू कर दिया जिनसे नासा निपट रहा था।

ताज़ी हवा बढ़ाने के लिए क्या किया जाये—यह अदृश्य, सर्वशक्तिमान पदार्थ जो पृथ्वी पर सभी के जीवन के लिए ज़िम्मेदार है?

यह भगवान की भूमिका निभाने जैसा था। हालाँकि सवाल हैरान करने वाला था, जवाब और भी हास्यास्पद था। विशेष रूप से, क्योंकि यह पूरे समय हमारे चारों ओर था जब हम अपने सर खुजा रहे थे।

पौधे।

हाँ, यह उतना ही सरल था। हम सभी स्कूल में हमारे विज्ञान की पाठ्यपुस्तकों से 'प्रकाश संश्लेषण' शब्द से परिचित हैं। दिन के समय, पौधे कार्बन डाइऑक्साइड अन्दर लेते हैं, कार्बन डाइऑक्साइड को शक्कर में बदलने और इस प्रक्रिया के उप-उत्पाद के रूप में ऑक्सीजन छोड़ने के लिए सूरज की रोशनी में ऊर्जा का उपयोग करते हैं। बेशक, अन्य पोषक तत्त्व भी हैं जो इस प्रक्रिया के लिए आवश्यक हैं।

पौधों को नाइट्रोजन की आवश्यकता होती है, जो उन्हें मिट्टी से प्राप्त होती है। लेकिन साधारण शब्दों में कहें तो, हम जिस सूत्र की इतनी बेचैनी से तलाश कर रहे थे, वह वही था जो पौधे हर दिन इस्तेमाल करते हैं—पौधों का कार्बन डाइऑक्साइड को ऑक्सीजन में परिवर्तित करने का। यह हमारी समस्या का समाधान था।

ताज़ी हवा को 'उगाने' के लिए पौधों का उपयोग करना एक सरल समाधान है, लेकिन इस पर बहुत कम विचार किया गया है। एक विचार जो इतना स्पष्ट है, फिर भी, यह सभी द्वारा अनदेखा किया गया है, कुछ ही शोधकर्ताओं के अलावा। हमने आई आई टी और द एनर्जी एंड रिसोर्सेज इंस्टीट्यूट (टेरी) से मदद माँगी। टेरी ने बारह महीनों के दौरान, सभी मौसमों में, विभिन्न स्तरों पर,

घर के अन्दर और बाहर दिल्ली की हवा का परीक्षण भी किया था।

दिल्ली के वायुमंडल में बेंजीन की मात्रा को केन्द्रीय प्रदूषण कंट्रोल बोर्ड (सी पी सी बी) द्वारा 4.5-5.5 भाग प्रति लाख (पी पी एम) पर मापा गया था। 1 से अधिक से कैंसर फैलने का ख़तरा होता है! यह 1 पी पी एम यूरोपीय संघ के उस समय के सुरक्षा मानक के लगभग पाँच गुना था। फ़िलहाल मानक 5 माइक्रोग्राम प्रति घन मीटर या 0.001568 पी पी एम या 1.568 भाग प्रति अरब (पी पी बी) है।

दिल्ली के आई टी ओ क्षेत्र में किये गये एक स्वतन्त्र शोध में 139 पी पी एम की बेंजीन सांद्रता दिखाई दी। यह सीधे तौर पर दिल्ली में पेट्रोल वाहनों की संख्या से सम्बन्धित था। 1999 में .35 लाख थे—मुम्बई, चेन्नई और कोलकाता में कारों की कुल संख्या से अधिक। आप कल्पना कर सकते हैं कि हम हर दिन क्या साँस ले रहे थे! उच्चतम न्यायालय के आदेश पर, केवल 1 प्रतिशत बेंजीन के साथ पेट्रोल नवम्बर 2000 से राष्ट्रीय राजधानी क्षेत्र (एन सी टी) दिल्ली में उपलब्ध कराया गया। पहले यह 5 प्रतिशत था।

1998 में, भारत के सर्वोच्च न्यायालय ने वायु प्रदूषण को रोकने के उपायों से परामर्श और सलाह देने और लागू करने के लिए पर्यावरण प्रदूषण (रोकथाम और नियन्त्रण) प्राधिकरण (ई पी सी ए) की स्थापना की। सुप्रीम कोर्ट के आदेशों और इस नये प्राधिकरण की सिफ़ारिशों पर, शहर की बसों को सी एन जी में परिवर्तित किया गया और 1990 से पहले के सभी ऑटोरिक्शा को भी इस नये स्वच्छ ईंधन पर परिवर्तित करने का आदेश दिया गया।

बाद में मैंने सुप्रीम कोर्ट में जनहित याचिका (पी आई एल) दर्ज की। पम्पों पर पेट्रोल डिस्पेंसर के साथ अलग से प्रीमिक्स्ड 2 प्रतिशत 2टी तेल रखने का आदेश पारित किया गया। इससे यह सुनिश्चित हो गया कि 2टी तेल का केवल 2 प्रतिशत पेट्रोल के साथ मिलाया जायेगा ताकि दोपहिया/तिपहिया वाहनों के लिए इंधन की आपूर्ति के रूप में कार्य किया जा सके।

ई पी सी ए ने इस बदलाव को जनवरी 1999 से तेल कम्पनियों द्वारा लागू करने के लिए कहा। इससे पहले, जो आमतौर पर उपयोग किया जाता था, इन दो और तीन पहिया वाहनों के लिए डिज़ाइन किये गये विशेष 2 टी तेल के 2 प्रतिशत

खुराक के बजाय, उपयोगकर्ता द्वारा, सामान्य इंजन तेल का 5-10 प्रतिशत पेट्रोल में मिलाया जाता था। अदालत की इस कार्यवाही से दो/तिपहिया वाहनों के टेलपाइप के माध्यम से जलाये और छूटने वाले तेल की मात्रा कम हो गयी।

सी एन जी में परिवर्तन से तत्काल परिणाम हुए, 2003 में सी पी सी बी की रिपोर्ट के चलते, कि दिल्ली में वायु प्रदूषण काफ़ी कम हो गया था। यह अच्छी ख़बर थी, लेकिन मैं पहले से ही वायु प्रदूषण के दुष्प्रभावों से प्रभावित हो चुका था। 1991 में, हमारी नवोदित टीम ने, ताज़ी हवा के समाधानों का परीक्षण और शोध शुरू करने के लिए पहाड़पुर बिज़नेस सेंटर (पी बी सी) शुरू किया। कई तुक्कों और असफलताओं के बाद, हमें एक जवाब मिला। तीन आम और आसानी से उपलब्ध घर के पौधे थे जो हवा को साफ़ कर सकते थे; वाष्पशील कार्बनिक यौगिकों या वी ओ सी को हटाने के सहित (मैं अध्याय 2 में विस्तार से इस पर चर्चा करूँगा)। हमने यह भी पाया कि ये पौधे, जब सही परिस्थितियों में उगाये जाते हैं, तो हमें ताज़ी हवा की अधिक मात्रा में आपूर्ति कर सकते हैं।

इस समाधान को बिल वूल्वर्टन द्वारा मान्यता मिली है, जो एक नासा वैज्ञानिक हैं, जो अपने शोध 'घरेलू पौधे अन्दरूनी हवा के प्रदूषण को कैसे कम कर सकते हैं' के लिए जाने जाते हैं।

हम इन निष्कर्षों से बहुत उत्साहित थे। हम जानते थे कि हम कुछ ज़बरदस्त क्षमता के साथ शिखर पर थे। यदि हम इसे भाप पाते हैं, तो यह जीवन को दोनों तरह से बदल और बचा भी सकता है।

आज, पी बी सी राष्ट्रीय राजधानी क्षेत्र (एन सी आर) में सबसे स्वस्थ कार्यक्षेत्र है। इसे सी पी सी बी द्वारा प्रमाणित किया गया है। अपने 7000 से अधिक रखे गये पौधों के साथ यह छह मंज़िला इमारत, पी बी सी वह है जिसे मैं एक जीवित प्रयोगशाला कहना पसन्द करता हूँ। हर दिन एक टीम अन्दर की हवा की गुणवत्ता की निगरानी करत है और एक और इसे हर समय ताज़ा और साफ़ रखती है। यह विभिन्न माध्यमों से किया जाता है जैसे कि हीट एक्सचेंजर्स, इलेक्ट्रोस्टैटिक प्रेसिपिटेटर, एक्टिवेटिड कार्बन फिल्टर, सल्फर ऑक्साइड (SO_2) और नाइट्रोजन ऑक्साइड (NO_2) को हटाने के लिए उत्प्रेरक, एनर्जी व्हील, हेपा फिल्टर, टाइटेनियम डाइऑक्साइड और यू वी सी बॉक्स, एयर

वाशर, अल्ट्रावाइलेट (यू वी) लाइट और एक उच्च दक्षता शीतलन टॉवर। ऐसे दिनों में भी जब दिल्ली वायु प्रदूषण के कारण दम तोड़ती है, पी बी सी में स्पेस किराये पर लेने वाले लोगों और संगठनों को अन्दर बिताये जाने वाले हर मिनट के लिए ताज़ी हवा की गारंटी दी जाती है।

इस इमारत में हर दिन क़रीब 500 लोग पैर रखते हैं। यदि आप कभी भी यहाँ प्रस्थान करें, तो आप कुरकुरा, पहाड़ जैसी हवा से चकित रह जायेंगे जिसे हम साँस द्वारा लेते हैं। और आपको यह जानकर और भी आश्चर्य होगा कि हम नयी दिल्ली के सबसे व्यस्त और सबसे प्रदूषित कार्यालयी जिला—नेहरू प्लेस, के बीचोबीच इस अद्‌भुत स्वच्छ हवा का आनन्द लेते हैं—नेहरू प्लेस, जिसका प्रतिदिन 1,30,000 से अधिक लोग दौरा करते हैं!

हमारे ग्राहकों में 330 से अधिक बहुराष्ट्रीय कम्पनियाँ शामिल हैं, जिनमें माइक्रोसॉफ्ट, एच पी, इंटेल और मैनेसमैन डेमैग, 3एम, जी एम, हॉलमार्क, लस्साले, मोबिल, मोटोरोला, सोनी पिक्चर्स, शैल और रिगली शामिल हैं। इनके अलावा ऑस्ट्रेलिया, बरमूडा, कनाडा, चीन, फिनलैंड, फ्रांस, ग्रीस,जर्मनी, हॉलैंड, हंगरी, हांगकांग, आयरलैंड, इसराइल, इटली, जापान, कोरिया, दक्षिण कोरिया, सिंगापुर, स्पेन, श्रीलंका, स्विट्जरलैंड, ताइवान, ब्रिटेन, संयुक्त अरब अमीरात और भारत से भी हैं। सभी ने हमारे कार्यालय की सुविधाएँ और सेवाओं का उपयोग किया है।

हमारे वायु प्रदूषण समाधानों को मेरे दामाद बरुन अग्गरवाल द्वारा स्थापित एक कम्पनी 'ब्रीद ईज़ी' द्वारा आगे बढ़ाया जा रहा है। ब्रीद ईज़ी का जन्म 2013 में हुआ था, उसी तरह जिस तरह पी बी सी अस्तित्व में आया था। मेरी तरह, बरुण के लिए भी वायु प्रदूषण अनदेखा करना एक गम्भीर ख़तरा बन गया था।

2010 में बरुण अपनी पत्नी और दो बच्चों के साथ अमेरिका से दिल्ली लौट आये। कई दिन दोपहर को, जब वे अपने बच्चों को लोधी गार्डन ले जाते थे, उन्होंने देखा कि वे कुछ मिनटों में ही बच्चे साँस लेने में घरघराहट शुरू कर देते और दौड़ने और खेल-कूद करने में असमर्थ हो जाते। उनकी पत्नी, मेरी सुपुत्री, सलोनिका, को भी साँस लेने में परेशानी होने लगी। अमेरिका की साफ़ हवा के बाद वे दिल्ली की ज़हरीली हवा के लिए बिल्कुल तैयार नहीं थे।

2012 में एक साल के विश्राम के दौरान, यमनोत्री के पहाड़ों में बैठकर उत्तम हवा में साँस लेते हुए, बरुण ने इस समस्या के बारे में कुछ करने का फ़ैसला किया, और जल्द ही ब्रीद ईज़ी का जन्म हुआ। कम्पनी व्यक्तियों और संगठनों को स्वच्छ हवा का समाधान प्रदान करती है, हवा की गुणवत्ता का परीक्षण करके और स्वच्छ हवा के लिए निर्मित समाधान प्रदान करती है, यह सुनिश्चित करने के लिए कि यह हमेशा स्वच्छ और ताज़ा रहे, हवा की गुणवत्ता की लगातार निगरानी करती है। यह विभिन्न प्रकार के और वायु निस्पन्दन प्रौद्योगिकियों के संयोजन का उपयोग करके किया जाता है। ऐसे कुछ स्थान जहाँ साँस लेने में ब्रीद ईज़ी ने आसान किया है वे हैं सेलेक्ट सिटी मॉल, जर्मन स्कूल, अमेरिकी दूतावास स्कूल, फ्रांस का दूतावास, फैबइंडिया कॉर्पोरेट कार्यालय, दिल्ली में हीरो के कार्यालय और 10,000 से अधिक घर।

बरुण और मेरी यात्रा लम्बी और दिलचस्प रही है, अक्सर सवालों और रुकावटों के साथ। लेकिन फिर, जैसा कि योडा, स्टार वार्स में, कहते हैं, "एक अँधेरी जगह में हम ख़ुद को पाते हैं...और थोड़ा और ज्ञान हमारे रास्ते को रोशन कर सकता है।" हमें भी कुछ जवाब मिले जिनका हमने दृढ़ता से पीछा किया था।

बढ़ी हुई पुरानी समस्या

दिल्ली वासियों के लिए, वायु प्रदूषण हाल ही में एक घरेलू शब्द बन गया है, जब से यह सुर्खियों में आना शुरू हुआ है। लेकिन दिल्ली में हमेशा से ही ख़राब हवा का इतिहास रहा है। राजधानी में सी एन जी दिनों के पहले धुन्ध रहता था। हर बार जब हम सड़कों पर बाहर निकलते थे तो हमारी आँखों में खुजली होती थी और आँसू उभर आते थे। यह तो केवल 2001 में था, जब जनहित याचिका के बाद, सुप्रीम कोर्ट ने फ़ैसला सुनाया कि दिल्ली की सार्वजनिक परिवहन प्रणाली को सी एन जी में बदलने की आवश्यकता है, कि दिल्ली ने आसानी से साँस लेना शुरू किया। लेकिन अच्छे दिन ज़्यादा दिन नहीं रहे । ये इसलिए राजधानी में इतनी ख़राब हवा का कारण केवल वाहनों के धुएँ का प्रदूषण ही नहीं है। कई अन्य कारण हैं जो इसमें योगदान देते हैं, जैसे कि एक ऐतिहासिक समस्या जो हर साल उभरकर आती है।

हर शरद ऋतु में जब चावल के फ़सल की कटाई पूरी हो जाती है, तब दिल्ली के पड़ोसी राज्यों में किसान—हरियाणा, उत्तर प्रदेश और पंजाब—धान की भूसी अपने खेतों में जलाते हैं। यह अगले फ़सल चक्र में गेहूँ बोने से पहले खेत को साफ़ करने के लिए एक आवश्यक अनुष्ठान है। लेकिन इससे दिल्ली में गम्भीर वायु प्रदूषण होता है, क्योंकि इन पड़ोसी राज्यों के हवा के विषाक्त पदार्थ, वाहनों और औद्योगिक प्रदूषण के कारण होने वाले प्रदूषण के साथ मिश्रित होते हैं, जिससे एक घातक मिश्रण बन जाता है, जिसे दिल्लीवासी हर साल साँस लेने में मजबूर होते हैं।

2010 के नेशनल ग्रीन ट्रिब्यूनल एक्ट अधिनियम के तहत फ़सल जलाने पर प्रतिबन्ध के बावजूद, यह उत्तर भारत में एक वार्षिक मामला बना हुआ है क्योंकि राज्य सरकारें अभी तक इस बारे में एक समझौते पर नहीं आयी हैं कि धान की भूसी को जलाने से रोकने के लिए क्या नियमों की आवश्यकता है। इन तीन राज्यों, को खेतों से अवशिष्ट फ़सलों को साफ़ करने के लिए, एक लागत प्रभावी समाधान पर पहुँचने की भी आवश्यकता है।

जैसे ही शरद ऋतु के बाद सर्दी आने लगती है, भारत में दिवाली के समारोह, भारत में, शुरू हो जाते हैं, विशेष रूप से उत्तरी राज्यों में, लगभग हर एक पड़ोस में पटाखों के फोड़ने की वजह से पहले से ही प्रदूषित हवा और भी प्रदूषित हो जाती है। 2016 में, दिवाली की रात को, 3240 माइक्रो ग्राम प्रति घन मीटर का रीडिंग दर्ज किया गया था। विश्व स्वास्थ्य संगठन (डब्ल्यू एच ओ) के अनुसार वार्षिक औसत अनुमेय जोखिम 10 माइक्रो ग्राम प्रति घन मीटर है। 2017 में, दिवाली के दौरान, पटाख की बिक्री और उपयोग पर सुप्रीम कोर्ट के प्रतिबन्ध ने धार्मिक भावनाओं को चोट पहुँचाने को लेकर, भारी आक्रोश पैदा हुआ, लेकिन यह सुनिश्चित किया कि लोगों ने थोड़ी आसानी से साँस ली। हालाँकि, प्रतिबन्ध ने शादी का मौसम, जो शरद ऋतु के अन्त से लेकर पूरे सर्दियों के महीनों में चलता है, पटाखों के फोड़ने में रोक लगाने में नाकामयाब रहा। इसके अलावा, सड़कों पर लोग क्रूर ठंड में, ख़ुद गर्म रखने के लिए, प्लास्टिक, काग़ज़, रबर और पत्तियों को जलाकर आग सेंकते हैं। ऐसे जुगाड़ू क़िस्म की आग, पहले से ही प्रदूषित हवा को, और बढ़ाती है।

सर्दियों के महीनों में, समस्या और जटिल हो जाती है। गर्म और ठंडी हवा की धाराएँ पृथ्वी पर मौसम प्रणालियों को बनाये रखती हैं। तापमान व्युत्क्रम नामक एक घटना सर्दियों में तब होती है जब ठंडी हवा की एक परत गर्म हवा के सामने के हिस्से के साथ पृथ्वी की सतह के क़रीब फँस जाती है। यह फँसी हुई ठंडी हवा प्रदूषित है और पृथ्वी के निम्न सतह से निकल नहीं पाती। इससे प्रदूषण पर सीधा असर पड़ता है, क्योंकि धूल और हवा में विषाक्त पदार्थों को, जो गर्मियों में हवा के साथ ऊपर उठ जाते हैं और फिर ठंडा होकर ठंडी, स्वच्छ हवा के रूप में उतरते हैं, सर्दियों में ऐसा करने के लिए संघर्ष करना पड़ता है। नतीजतन, सभी प्रदूषण कण ज़मीन के क़रीब फँसे रहते हैं जहाँ हम रहकर साँस लेते हैं। जब यह प्रदूषित हवा ऊपर की ओर, या लम्बवत रूप से बढ़ने में असमर्थ होती है, तो यह क्षैतिज रूप से आगे बढ़ना शुरू कर देती है, हमारे बसने के स्थानों को भर देती है, जिससे हवा भारी हो जाती है और हमारे लिए साँस लेना मुश्किल हो जाता है। शहर सबसे पहले प्रभावित होते हैं क्योंकि प्रतिबन्धित स्थान, खुले क्षेत्रों की तुलना में, हवा के बहाव को और भी अधिक कठिन बनाते हैं और इसलिए हम एक ख़तरनाक, मोटे धुन्ध के कम्बल में लिपटे रह जाते हैं।

भारत दुनिया के सबसे प्रदूषित देशों में से एक है

समस्या सिर्फ़ दिल्ली तक ही सीमित नहीं है। मई 2018 में, डब्ल्यू एच ओ ने अपना वैश्विक वायु प्रदूषण डेटाबेस जारी किया जिसमें एक चौंकाने वाला आँकड़ा था। इस रिपोर्ट के अनुसार, सबसे ख़राब हवा के साथ दुनिया के पन्द्रह शहरों में से, चौदह भारत में हैं। सबसे प्रदूषित शहरों का क्रम है कानपुर, फरीदाबाद, वाराणसी, गया, पटना, दिल्ली, लखनऊ, आगरा, मुज़फ़्फ़रपुर, श्रीनगर, गुरुग्राम, जयपुर, पटियाला और जोधपुर। भारतीय शहर, आकार के बावजूद, वायु प्रदूषण के कारण घुट रहे हैं।

इसके मुख्य कारणों में से एक, शहरी प्रवासन है। गाँवों, क़स्बों और छोटे शहरों के अधिक से अधिक लोगों के बड़े महानगरों में जाने का विकल्प चुनने के साथ, आवास और परिवहन की आवश्यकता बढ़ गयी है, जिसने समस्या को और बढ़ा दिया है।

कारों से उत्सर्जन ख़राब वायु गुणवत्ता में सबसे बड़े योगदानकर्ताओं में से एक है। भारत में, वाहनों को उनके प्रदूषण नियन्त्रण (पी यू सी) प्रमाण पत्रों के लिए नियमित रूप से जाँच नहीं की जाती है, जो यह प्रमाणित करने के लिए एक अनिवार्य लाइसेंस है कि वाहन से उत्सर्जन प्रदूषण मानकों को पूरा करता है। इस प्रमाण पत्र को हर तीन महीने में नवीनीकृत करने की आवश्यकता होती है, लेकिन बहुत कम लोग ऐसा करते हैं।

अधिकांश डीजल वाहन वायु प्रदूषण में अपना एक और बड़ा हिस्सा जोड़ते हैं। वे नाइट्रोजन ऑक्साइड और पी एम 2.5 के सबसे बड़े योगदानकर्ता हैं क्योंकि उनके पास डीजल पार्टिकुलेट फिल्टर (डी पी एफ) नहीं होते जो उनके टेलपाइप पर फिट होते हैं। भारत देश अभी भारत स्टेज III और स्टेज IV ईंधन पर है जिसमें सल्फर की मात्रा बहुत अधिक है (क्रमशः 500 पी पी एम और 150 पी पी एम)। शुक्र है सुप्रीम कोर्ट के एक आदेश का जिससे, हमने भारत स्टेज V ईंधन को छोड़ दिया है और सीधे भारत स्टेज VI ईंधन में चले जायेंगे, जिसमें कम से कम सल्फर सामग्री (10 पी पी एम) है जिसे डी पी एफ के साथ छाना जा सकता है। ईंधन के पहले के संस्करणों को डी पी एफ के साथ छाना जा सकता था लेकिन सल्फर के उच्च स्तर के कारण छलनी एकदम जाम हो जाया करता था। भारत में दिल्ली अभी स्टेज VI ईंधन प्राप्त करने वाला एकमात्र शहर है, लेकिन देश के बाक़ी हिस्सों को 2020 तक यह मिलने की उम्मीद है, बशर्ते हमारी रिफाइनरियाँ समय पर अपग्रेड करती हैं, जिस पर लगभग 80,000 करोड़ रुपये ख़र्च होंगे। दुनिया की कुछ सबसे बड़ी रिफाइनरियाँ भारत में स्थित हैं और हम सबसे अच्छा ईंधन (यूरो VI) निर्यात करते हैं, लेकिन भारत के नागरिकों को हमारी अपनी रिफाइनरियों द्वारा ख़राब ईंधन के कारण साँस के लिए मोहताज रहते हैं।

आपको पूरी किताब में पी एम 2.5 शब्द मिलेगा। पी एम या पार्टिकुलेट मैटर ठोस और तरल पदार्थों के बहुत महीन, छोटे टुकड़े होते हैं, जो हवा में मिले होते हैं, जिसे हम साँस लेते हैं। ये हमारे स्वास्थ्य के लिए बेहद हानिकारक हैं। और जब ये ठोस कण हवा में हानिकारक गैसों को अवशोषित करते हैं, तो उनकी विषाक्तता कई गुणा बढ़ जाती है। कण पदार्थ जितना छोटा होता है, उतना ही

ख़तरनाक होता है क्योंकि वो हमारे फेफड़ों में और यहाँ तक कि हमारे रक्तप्रवाह में भी घुस जाता है।

पी एम 2.5 छोटे कण हैं जो व्यास में लगभग 2.5 माइक्रो मीटर या उससे भी छोटे होते हैं। आमतौर पर, पी एम 2.5 कणों को उन कणों के रूप में वर्गीकृत किया जाता है जो व्यास में 0.3 माइक्रो मीटर से लेकर 2.5 माइक्रो मीटर तक होते हैं। मुझे ऐसे समझाने दें: लगभग 25,000 माइक्रोन एक इंच बनाते हैं। मानव का एक बाल, व्यास में, लगभग 70 माइक्रो मीटर होता है। हालाँकि छोटे हैं, घातक हो सकते हैं। इन प्रदूषकों को लगातार साँस लेने से कार्डियक अरेस्ट और स्ट्रोक हो सकते हैं। राइस यूनिवर्सिटी, यू एस ए और ह्यूस्टन फायर डिपार्टमेंट, यू एस ए के ई एम एस, द्वारा आयोजित एक व्यापक अध्ययन में यह पाया गया कि पी एम 2.5 के स्तर में केवल थोड़ी ही वृद्धि से 6 माइक्रो ग्राम प्रति घन मीटर जितनी कम वृद्धि, दो दिन की अवधि में—अस्पताल के बाहर कार्डियक अरेस्ट (ओ एच सी ए) के जोखिम को लगभग 5 प्रतिशत तक बढ़ाता है। ओ एच सी ए, घर पर या सार्वजनिक स्थानों पर अनुभव किये जाने वाले कार्डियक अरेस्ट को कहते हैं।

दुर्भाग्य से, नागरिक वायु प्रदूषण के प्रभावों से काफ़ी हद तक अनजान रहते हैं। हर साल यही कहानी दोहराती है और यह पैटर्न अब इतना अनुमानित हो गया है कि मैं नहीं सोचता कोई भी वास्तव में इसके बारे में परवाह करता है। वायु प्रदूषण अब एक महान ख़बरी कहानी बनकर रह गया है। लेकिन अगर आप अपने स्वास्थ्य और जीवन के बारे में परवाह करते हैं, तो यह पुस्तक आपके लिए है।

ताज़ी हवा क्यों महत्त्वपूर्ण है

एक समय ऐसा था जब एक प्रतिष्ठित पते पर एक घर, एक शानदार गाड़ी का मालिक होना रईसी कहलाता था। आज, इसमें ताज़ी हवा भी शामिल है। जो अमीर लोग यह कर सकते हैं वे अपने जीवन को उखाड़ फेंक सकते हैं और स्वच्छ, हरे-भरे शहरों में चले जाते हैं। लेकिन हम में से कितने लोग ऐसा कर सकते हैं? यह दुर्भाग्यपूर्ण है, लेकिन सच्चाई यह है कि आम आदमी आमतौर

पर डॉक्टर के क्लिनिक पहुँच जाते हैं, वायु प्रदूषण के कारण होने वाली कई रोकथाम-योग्य बीमारियों के इलाज के लिए।

दुर्भाग्यवश, हमने अपने जीवन में ताज़ी हवा के महत्त्व और हमारे स्वास्थ्य पर इसका प्रभाव महसूस ही नहीं किया है। ताज़ी हवा न केवल हमें श्वसन और हृदय रोगों से बचाती है, बल्कि यह भी साबित किया गया है कि यह हमारी संज्ञानात्मक शक्तियों में सुधार करती है।

हाँ, ताज़ी हवा हमें बेहतर सोचने और होशियार बनने में मदद करती है। सबसे महत्त्वपूर्ण बात, यह हमें स्वस्थ बच्चों की परवरिश करने में मदद करती है, जो इस दुनिया के भविष्य हैं। जीवन में साधारण चीज़ें जो हम नज़र अन्दाज़ करते हैं, जैसे कि एक हवादार कमरे में एक अच्छी रात की नींद, हमारे दैनिक जीवन में एक बड़ा बदलाव ला सकते हैं। फिर भी, दूसरी तरफ़, सर्दियों में सुबह टहलना हमें फायदे से अधिक नुक़सान पहुँचा सकता है। वो समय आ गया है कि जब हम रुक कर अपने जीवनशैली पर ग़ौर करें। कारपूलिंग करना या प्लास्टिक शॉपिंग बैग इस्तेमाल करना बन्द करना, जो हम अपने किराने के सामान के लिए उपयोग करते हैं, या यहाँ तक कि लम्बी बैठकों में जिनमें हम ख़ुद भाग लेते हैं, जैसे छोटे जीवनशैली में बदलाव, से फ़र्क़ पड़ सकता है। अब हम एक ऐसी दुनिया में रह रहे हैं जहाँ हर छोटी से छोटी कार्रवाई प्रभावित करेगी और हमारे भविष्य को आकार देगी। यह हमें ख़ुद तय करना है कि हम अपने और अपने बच्चों के लिए किस तरह का भविष्य चाहते हैं।

सबसे महत्त्वपूर्ण बात जो मैं इस पुस्तक के द्वारा बताने की कोशिश कर रहा हूँ वह यह है कि हर कोई ताज़ी हवा के लाभों का आनन्द ले सकता है। हमारे घर और अन्य अन्दरूनी स्थान, जहाँ हम अपने जीवन का अधिकांश समय बिताते हैं, वे भी बहुत ज़हरीले हैं। लेकिन यह एक समस्या है जिसे हम हल कर सकते हैं। क्योंकि, बाहरी हवा के विपरीत, हमारे घर हमारे नियन्त्रण में होते हैं। इसलिए, यह वह स्थान है जिस पर हमें अपना सारा ध्यान केन्द्रित करना चाहिये और यह सुनिश्चित करना चाहिये कि हवा साफ़ है।

इस पुस्तक में, मैं आपके साथ व्यावहारिक सुझावों, सिफ़ारिशों और समाधानों को साझा करूँगा कि हम घर के अन्दर स्वच्छ हवा कैसे पा सकते हैं।

इनमें से कुछ उपायों और सुझावों को लागू करने से आपका जीवन नाटकीय रूप से बदल सकता है। इसका मतलब यह हो सकता है कि अपने रहन-सहन का तरीक़ा बदलना या अपने घर की चीज़ों को व्यवस्थित करना या अपने बेडरूम को साफ़ और कालीन-मुक्त रखने जैसे सरल कार्य आपके घर में विषाक्तता के स्तर को कम करते हैं। इनमें से कुछ, शुरू-शुरू में, आपको अव्यावहारिक लग सकते हैं, लेकिन यह सिर्फ़ आदत डालने की बात है। इन सुझावों के लाभ इन अस्थायी असुविधा से कई गुणा अधिक हैं। कुछ मामूली बलिदानों का क्या यदि आप अपने परिवार को कई रोके जाने योग्य बीमारियों से बचा सकते हैं तो?

परिवर्तन अपनाना हमेशा आसान नहीं होता है, लेकिन इतना मुश्किल भी नहीं है! यह सिर्फ़ परिप्रेक्ष्य की बात है। और यह कम-से-कम आप अपने और अपने परिवार के लिए इतना तो कर सकते हैं।

आज, पी बी सी में, हमारे पास इमारत के अन्दर उत्कृष्ट वायु गुणवत्ता है। पिछले साल दिवाली के अगले दिन, हमारी इमारत का पी एम 2.5 स्तर 15 माइक्रो ग्राम प्रति क्यूबिक मीटर से नीचे था , जबकि दिल्ली की हवा 400 माइक्रो ग्राम प्रति क्यूबिक मीटर से अधिक थी।

कमाल है, नहीं?

मेरा मानना है कि यह एक महत्त्वपूर्ण पुस्तक है, जो आपके रहन-सहन बदलकर सुधार कर सकती है। मैंने पिछले बीस वर्षों से अपने दैनिक जीवन में इन समाधानों को लागू कर रखा है, और मैं यह दावे के साथ कह सकता हूँ कि इससे मेरी ज़िन्दगी बच गयी। मुझे आशा है कि मेरे जैसे आप भी इन सुझावों से लाभान्वित होंगे।

ख़ुद की मदद करना महत्त्वपूर्ण है और दूषित हवा से बचाव करने की ताकि हम अपने स्वास्थ्य, उत्पादकता और अपनी संज्ञानात्मक क्षमता में सुधार ला सकें। यह देखते हुए कि हमारी हवा की गुणवत्ता हर साल ख़राब हो रही है, जो लोग अपने लिए कुछ कर सकते हैं, उन्हें तुरन्त ऐसा करना चाहिए और दूसरों के लिए एक उदाहरण बनना चाहिए। जैसा कि गाँधी जी ने एक बार कहा था, 'वह परिवर्तन बनें जिसे आप दुनिया में देखना चाहते हैं।'

हमारी हवा में क्या है ?

हवा : खामोश हत्यारा

हमारे बचाव में एक उल्लंघन

'हम इस हफ़्ते वाशिंगटन वापस जा रहे हैं,' भारत में न्यूयॉर्क टाइम्स के संवाददाता, गार्डिनर हैरिस, ने 2015 में एक सम्पादकीय में लिखा था।[1] इस शहर के लिए, जो तीन साल से उनका घर था, उनका अलविदा पत्र था।[2]

गार्डिनर और उनका परिवार दिल्ली छोड़ रहे थे क्योंकि उनके आठ वर्षीय बेटे को राजधानी में रहने के दौरान पूर्ण विकसित अस्थमा विकसित हुआ था और नियमितरूप से स्टेरॉयड पर था। वाहनों, धूल, धुएँ और कारख़ानों से प्रदूषण का उच्च स्तर, विशेष रूप से चुनाव शिविर के दौरान जब वह शहर में चारों ओर यात्रा कर रहा था, तो उसके शरीर में विषाक्त पदार्थों के संचय का कारण हो सकता है और इसके लिए उसे तुरन्त ध्यान देने की आवश्यकता थी। बेंगलुरु के जिन्दल इंस्टीट्यूट ऑफ़ नेचर क्योर के मुख्य चिकित्सा अधिकारी, डॉ. बैना नन्दकुमार ने अप्रैल 2015 में *इंडियन एक्सप्रेस* को बताया।[3]

वह अपने मरीज़, दिल्ली के मुख्यमन्त्री अरविन्द केजरीवाल के बारे में बात कर रहे थे, जिन्हें ठीक होने के लिए शहर छोड़ना पड़ा और बेंगलुरु में दस दिन बिताने पड़े। दो साल बाद, नवम्बर 2017 में, दिल्ली में स्थिति में सुधार नहीं हुआ था, बल्कि बदतर हो गया था। निराश, मुख्यमन्त्री ने प्रसिद्ध रूप से शहर की तुलना एक 'गैस चैम्बर' से की—एक ऐसा शब्द जिसका उपयोग अभी भी भारत की राजधानी का वर्णन करने के लिए किया जाता है, जब भी प्रदूषण सुर्ख़ियों में आता है।[4]

'चेंज रूम में ऑक्सीजन सिलेंडर थे। खेल खेलते समय खिलाड़ियों के लिए इस तरह से पीड़ित होना सामान्य बात नहीं है,' श्रीलंकाई क्रिकेट कोच, निक पोथास ने 2017 में ग्वार्डियन से कहा था, जब दिल्ली में भारत और श्रीलंका के बीच एक टेस्ट मैच को रोकना पड़ा था क्योंकि श्रीलंकाई खिलाड़ी, जो ख़राब हवा को, जिससे स्टेडियम घिरा हुआ था, को सम्भालने में असमर्थ थे, मैदान पर उल्टी करने लगे थे, उस दिसम्बर की सुबह को।[5]

यदि आपके पास कहीं और रहने का विकल्प है, तो आपको दिल्ली में अपने बच्चों की परवरिश नहीं करनी चाहिए, चेतावनी देते हैं, सरथ गुट्टीकुंडा, जो भारत के वायु प्रदूषण के सर्वश्रेष्ठ शोधकर्ताओं में से एक हैं। वे अपने दो छोटे बच्चों को दिल्ली की ख़राब हवा से बचाने के लिए गोवा चले गये।

तीस साल पहले, मैंने भी एक दिन सुबह उठकर पाया कि मैं साँस नहीं ले पा रहा था। जब मुझे डॉक्टर के पास तुरन्त ले जाया गया तो पता चला कि मुझे दिल्ली की प्रदूषित हवा से एलर्जी हो गयी थी। अगर मैंने तुरन्त क़दम नहीं उठाये होते तो आज मैं यहाँ नहीं होता और अभी इस वक़्त आप और ही कोई किताब पढ़ रहे होते!

किसी और की पीड़ा की कल्पना करना हमेशा मुश्किल होता है, इसलिए मैं आपको एक सरल उदाहरण देता हूँ जो आपको मेरी दुर्दशा को बेहतर ढंग से समझने में मदद कर सकता है। हम सभी को हमारे जीवन में किसी न किसी समय आम सर्दी का शिकार होना पड़ा है। आमतौर पर पहला लक्षण एक भरी हुई और अवरुद्ध नाक होता है, जिससे आपको साँस लेने में मुश्किल होती है। यह लक्षण आमतौर पर बिस्तर पर जाने से ठीक पहले बढ़ जाती है। जैसे ही आप लेटते हैं, पूरी तरह से घबराहट का एक क्षण हो सकता है जब आप बिल्कुल भी साँस लेने में सक्षम नहीं होते हैं। यह आपको बैठने के लिए मजबूर करता है, आपके दिल की धड़कन तेज़ हो जाती है, और यह आपको साँस लेने के लिए, हाँफने पर मजबूर कर देता है। भले ही आप जानते हैं कि यह सिर्फ़ एक सामान्य सर्दी है, साँस लेने में सक्षम नहीं होने पर वो कुछ सेकंड एक भयानक अनुभव हो सकता है।

अब कल्पना करिये कि यह स्थिति बनी रहे! ऐसा ही था मेरे लिए उस सुबह कई साल पहले। मेरे इलाज की सड़क लम्बी और कठिन थी। मेरी दिनचर्या

केवल दवा की निरन्तर खुराक, हमेशा इनहेलर्स और एंटी-एलर्जी पफ के लिए हाथ बढ़ाना हो गया था, क्योंकि मैं हमेशा साँस के लिए हाँफता रहता था। कई दिन मैं इतना कमज़ोर महसूस करता था कि बिस्तर से निकल कर काम पर जाने के लिए न तो ताक़त न ही मर्ज़ी जुटा पाता था। मैं ग़ुस्से में था और हैरान भी। मैं समझ नहीं पा रहा था कि मैं किसी ऐसी चीज़ के लिए क़ीमत क्यों चुका रहा था जिसके साथ मेरा कोई लेना-देना नहीं था।

लेकिन यह एक कड़वा सच है। हवा का प्रदूषण पीड़ितों को नहीं चुनता। हम सभी को प्रभावित करता है क्योंकि हम सब एक ही हवा में साँस लेते हैं, भले ही हम कौन हों, अमीर या ग़रीब। प्रदूषण वर्ग और पन्थ में बराबर फैलता है, बेरहमी से अपने ज़हर को उन सभी को वितरित करता है जो जीवित हैं और साँस लेते हैं। और मानव के शारीरिक विकास के इतिहास में पहली बार, यह मानव के फेफड़ों की प्रणाली के परिष्कृत तन्त्र में प्रवेश कर रहा है। क्या आप जानते हैं कि आपके फेफड़े कितने बड़े हैं? एक अन्दाज़ा लगाइये।

यदि आप अपने फेफड़ों को निकालकर एक सपाट सतह पर फैला देते हैं, तो यह एक पूर्ण आकार के टेनिस कोर्ट को ढक देगा। यह आपके त्वचा के सतह क्षेत्रफल से चालीस गुना है। कमाल है, है कि नहीं ?

जब हम साँस लेते हैं, तो हवा हमारी नाक और मुँह में प्रवेश करती है, विंडपाइप, या ट्रेकिआ से गुज़रती है, और फिर ब्रोंकाइ नामक बड़ी ट्यूबों और फिर ब्रोन्किओल्स नामक छोटी ट्यूबों के माध्यम से हमारे फेफड़ों में जाती है। (जब ये ट्यूब बलगम से अवरुद्ध हो जाते हैं, हम ब्रोंकाइटिस के साथ निदान कर रहे होते हैं।) यहाँ से ब्रोन्किओल्स हवा को बहुत पतली दीवारों वाली छोटी हवा की थैलियों (जो अंगूर के गुच्छों की तरह दिखती हैं) में भेज देते हैं। इन्हें एल्वियोली कहा जाता है, जहाँ ऑक्सीजन बाक़ी हवा से ख़ुद को अलग कर, हीमोग्लोबिन से जुड़ जाती है। ये ऑक्सीजन से लदे वाहन हमारी पूरी प्रणाली में, कोशिकाओं नामक कई छोटी रक्त वाहिकाओं द्वारा, प्रसारित होती हैं। यदि मानव परिसंचरण प्रणाली की सभी धमनियों, नसों और कोशिकाओं को एक सिरे से दूसरे सिरे तक फैला दिया जाये, तो कुल लम्बाई 1,00,000 किमी होगी। एक औसत व्यक्ति की परिसंचरण प्रणाली में रक्त की कुल मात्रा 5 लीटर होती है।

रक्त प्रत्येक दिन 1500 बार पुन: उत्पन्न होता है, यहाँ तक कि इसे गति देने के लिए कुछ भी करे बिना, और प्रदूषक रक्त की गुणवत्ता को प्रभावित करते हैं।

जैसा कि हम सभी जानते हैं, ऑक्सीजन जीवन के लिए महत्त्वपूर्ण है। एकमात्र ऑक्सीजन ही है जिससे हमारी प्रणाली में भोजन ईंधन में परिवर्तित हो जाता है। यह एक सेल फ़ोन चार्जर की तरह है, हमारे शरीर के लिए।

मैं मानव शरीर को एक विशेष रूप से बुद्धिमान और काल्पनिक राष्ट्रीयता के रूप में सोचना पसन्द करता हूँ। ब्लैक पैंथर में वाकांडा की तरह—एक सहानुभूतिपूर्ण प्रणाली जो ज़मीन से विकसित हुई है—एक जो अपने नागरिकों को पोषण और समृद्ध करती है, नये वातावरण से सीखती है और अनुकूलित करती है, अत्यावश्यकताओं के लिए तैयार, रक्षा से भरपूर, अपने लोगों की रक्षा के लिए शत्रुतापूर्ण आक्रमणकारियों के ख़िलाफ़ अपने गोला बारूद को तैनात करने से निडर।

मानव शरीर इन सब में सक्षम है। उदाहरण के लिए, नाक को लें। यह हवा के लिए सिर्फ़ एक प्रवेश मार्ग से अधिक है; यह चौबीस घंटे वैक्यूमिंग सिस्टम के रूप में भी कार्य करता है। नाक के अन्दर के बाल को सिलिया कहा जाता है, जो विंडपाइप द्वारा नीचे जाने से किसी भी विदेशी और अवांछित कणों को रोकने के साथ पंक्तिबद्ध है। यह कई उदाहरणों में से एक है कि कैसे हमारे शरीर ने अवांछित तत्त्वों के ख़िलाफ़ एक मज़बूत तन्त्र तैयार और विकसित किया है।

लेकिन क्या होता है जब हवा में विदेशी कण आपकी नाक में अत्यन्त बारीक सिलिया से भी छोटे होते हैं? सिलिया कैसे इनको रोक सकती है जब यह ऐसा करने के क़ाबिल नहीं है? पी एम 2.5 इतने छोटे कण होते हैं कि हमारी नाक से आसानी से गुज़र जाते हैं। और यहाँ हमारी शारीरिक सुरक्षा में पहला और सबसे ख़तरनाक उल्लंघनों में से एक उल्लंघन शुरू हो जाता है। यह वह जगह है जहाँ ट्रोजन हॉर्स को घुसाया जा रहा है, और जल्द ही होने वाली तबाही के बारे में हम बहुत कम जानते हैं।

हमारा शरीर अविश्वसनीय रूप से जटिल जीव हैं जो जीवित रहने और पर्यावरण के अनुकूल होने और उस पर उत्कृष्टता प्राप्त करने के लिए 1,00,000 वर्षों में विकसित हुआ हैं। फिर भी, आज, वायु प्रदूषण इन अद्भुत तन्त्रों को

ऐसे नष्ट कर रहा है जैसे पहले कभी नहीं हुआ। जो हवा हमारी जीवन रक्षक है, वही विषैली हो गयी है। इसलिए, जब हम साँस लेते हैं तो हम ख़तरनाक विषाक्त पदार्थों को भी ले रहे हैं, जो हवा से हमारी नाक से गुज़रता है, फिर हमारे फेफड़ों में और अन्त में हमारे रक्तप्रवाह में, जहाँ वे अनिवार्य रूप से हमारी धमनियों को बन्द कर देते हैं, और फिर अन्त में स्टेंट द्वारा हटाये जाने की प्रतीक्षा करते हैं! और हृदय रोग केवल कई विकारों में से एक है जो वायु प्रदूषण से होता है।

शायद, आने वाले कई दशकों में, हमारे शरीर प्रदूषण से निपटने के लिए भी विकसित होंगे। लेकिन अभी, यह इच्छाधारी सोच है। तब तक, हमारे पास अपनी हवा को साफ़ करने और प्रदूषण के विनाशकारी प्रभावों से ख़ुद को और अपने परिवारों को बचाने के अलावा कोई अन्य विकल्प नहीं है।

आज, हम सभी अपने खाने को लेकर सचेत हैं। हम सुनिश्चित करते हैं कि हम हर दिन दो से तीन लीटर पानी पीते हैं। हम अपने पोषण को बढ़ावा देने के लिए चिया के बीज और क्विनोआ जैसे सुपरफूड्स की तलाश करते हैं। हम पृथ्वी के किसी भी कोने तक चले जायेंगे वो खाने के लिए जो हमें पतला बना देगा, लम्बे समय तक जीवित रखेगा या हमें शक्तिशाली बना देगा या हमें किसी बीमारी से राहत दिलायेगा। लेकिन हम शायद ही रुक कर, उस हवा की गुणवत्ता के बारे में सोचते हैं जिसे हम साँस लेते हैं।

हम एक दिन में लगभग 23,000 साँस लेते हैं, जो हर दिन लगभग 11,000 लीटर हवा है। अब क्या होगा अगर मैंने आपको बताया कि जो हवा आप अभी साँस ले रहे हैं (खासकर यदि आप भारत में अधिक प्रदूषित शहरों में से एक में हैं) एक दिन में 44 धूम्रपान करने के बराबर है? यह आँकड़े सिर्फ़ राजधानी शहर तक ही सीमित नहीं हैं। भारत में हर उभरती हुई मेट्रो, वायु प्रदूषण के तहत घुट रही है।

दूषित हवा (और पानी) का सम्पर्क एड्स, तपेदिक और मलेरिया से तीन गुना अधिक और युद्ध और हिंसा के सभी रूपों की तुलना में लगभग पन्द्रह गुना अधिक लोगों को मारता है, वायु प्रदूषण लांसेट आयोग के अनुसार, मई 2018 में जारी डब्ल्यू एच ओ का अध्ययन और भी गम्भीर है। यह रिपोर्ट करता है कि दस में से नौ लोग दूषित हवा में साँस लेते हैं, और हर साल दुनिया भर में सात

मिलियन लोग, दोनों अन्दर और बाहर की वायु प्रदूषण के कारण, मर जाते हैं। अध्ययन में यह भी कहा गया है कि इनमें से दो मिलियन मौतें दक्षिण पूर्व एशिया और दुनिया के अन्य विकासशील क्षेत्रों में होती हैं।

आज दुनिया के 80 प्रतिशत से अधिक शहर प्रदूषित हवा में साँस ले रहे हैं, यह अब एक व्यक्तिगत लड़ाई नहीं रही। दुनिया भर की सरकारों को यह महसूस करने की आवश्यकता है कि प्रदूषण एक ऐसी समस्या नहीं है जो अपने आप दूर हो जायेगी, या वाहन प्रतिबन्धों जैसी तदर्थ पहलों के साथ कम हो जायेगी। परिवेशी और अन्दरूनी हवा से प्रदूषण के स्तर को कम करने के लिए बहुत कुछ करने की आवश्यकता है। हर कोई अपने जीवन की एक गम्भीर क़ीमत पर वायु प्रदूषण का खमियाज़ा भुगत रहा है। विशेष रूप से बच्चे आसानी से ब्रोंकाइटिस और अस्थमा जैसे श्वसन सम्बन्धी मुद्दों के चपेट में आ जाते हैं।

बच्चे ख़राब हवा से सबसे ज़्यादा प्रभावित होते हैं

''बच्चे सबसे आसानी से वायु प्रदूषण के चपेट में आ जाते हैं और सबसे अधिक प्रभावित होते हैं, क्योंकि वे न्यूरोलॉजिकल रूप से अभी भी विकसित हो रहे होते हैं,''[6] प्रसिद्ध कार्डियोवैस्कुलर और कार्डियोथोरेसिक सर्जन, डॉ. नरेश त्रेहन, कहते हैं।

प्रदूषण का बच्चों पर उच्च प्रभाव पड़ता है, जो उनके फेफड़ों और दिमाग़ के विकास में बाधा डालता है। प्रसवपूर्व चरण में बच्चे विशेष रूप से कमज़ोर होते हैं।

इंडियन जर्नल ऑफ़ पीडियाट्रिक्स में एक अध्ययन का कहना है कि जो बच्चे दिल्ली में पैदा होते हैं और अपना बचपन का काफ़ी हिस्सा इस शहर में बिताते हैं, उनके फेफड़े, विकसित देशों में बच्चों की तुलना में, छोटे होते हैं। यहाँ तक कि पूरी तरह से विकसित होने के बाद भी उनके फेफड़े 10 प्रतिशत छोटे होते हैं। छोटे फेफड़े श्वसन रोगों के अधिक जोखिम में रहते हैं।

गुरुग्राम के बाल रोग विशेषज्ञ, डॉ अंशुल खेतरपाल ने डी एन ए[7] को बताया, 'यह दिवाली के बाद एक वार्षिक घटना बन गयी है। हमारे पास दो साल के बच्चों के जितने छोटे रोगी हैं जो साँस लेने में परेशानी लेकर आते हैं। हवा

इतनी दूषित है कि यह आश्चर्य की बात नहीं है जब लोग अस्थमा जैसी पुरानी स्थितियों से पीड़ित होने की शिकायत करते हैं, जिसका कारण सिर्फ़ वो है जो वे साँस लेकर अन्दर ले रहे हैं।

2015 में, दिल्ली, पश्चिम बंगाल और उत्तरांचल में रहने वाले बच्चों पर चितरंजन राष्ट्रीय कैंसर संस्थान द्वारा किये गये एक अध्ययन से कुछ घातक आँकड़े सामने आये हैं, जैसा कि फर्स्टपोस्ट ने रिपोर्ट किया है।[8]

दिल्ली के परीक्षण किये गये लगभग 25 प्रतिशत बच्चों के ऊपरी छाती में गम्भीर संक्रमण थे, जबकि पश्चिम बंगाल और उत्तरांचल के बच्चों में 14 प्रतिशत। पश्चिम बंगाल और उत्तरांचल के केवल 4 प्रतिशत बच्चों की तुलना में दिल्ली के 15 प्रतिशत बच्चों को अक्सर आँखों में जलन भी होती है। दिल्ली में, बच्चों को, बाक़ी की तुलना में, अस्थमा के मुक़ाबलों का ख़तरा भी अधिक था। उन्हें बार-बार सिरदर्द, जी मिचलाना, दिल में तेज़ धड़कन और अति थकान की अधिक शिकायतें भी थीं। और इसलिए, पिछले कुछ वर्षों में, दिल्ली में कई माता-पिता को अपनी आजीविका और जीवन को अन्य कम प्रदूषित शहरों में स्थानान्तरित करने का कठिन निर्णय लेना पड़ा है, सिर्फ़ इसलिए कि वे यह देखना बरदाश्त नहीं कर पा रहे थे, जो हवा उनके बच्चों के साथ कर रही थी।

बुज़ुर्ग महिलाएँ ख़राब वायु गुणवत्ता से अधिक प्रभावित होती हैं

मेडिकल जर्नल *ट्रांसलेशनल साइकेट्री* द्वारा 2017 में प्रकाशित एक अध्ययन में बताया गया है कि वृद्ध महिलाएँ जो उच्च स्तर के बारीक कण पदार्थ सहित प्रदूषित क्षेत्रों में रहती थीं, उन्होंने त्वरित उम्र बढ़ने और दिमाग़ का अध:पतन का अनुभव किया था। वे मनोभ्रंश और अल्जाइमर जैसी बीमारियों के लिए अधिक संवेदनशील थीं।[9]

'हालाँकि वायु प्रदूषण और अल्जाइमर रोग के बीच की कड़ी एक नया वैज्ञानिक क्षेत्र है, अब हमारे पास सबूत हैं कि तम्बाकू की तरह वायु प्रदूषण, बुढ़ापे में मस्तिष्क के लिए ख़तरनाक है,' लॉस एंजिल्स में सदर्न कैलिफोर्निया विश्वविद्यालय के प्रोफ़ेसर और इस अध्ययन के सह-लेखक, कालेब फिंच, पी एच डी, ने कहा।

वायु प्रदूषण बुढ़ापा बढ़ाने में तेज़ी ला सकता है

हम सभी जानते हैं कि धूम्रपान बुढ़ापा बढ़ाने में तेज़ी लाता है। वायु प्रदूषण भी इससे अलग नहीं है क्योंकि ज़हरीली हवा हमारी त्वचा को भी नष्ट कर देती हैं। त्वचा विशेषज्ञ और डॉक्टर आपको बताएँगे कि पार्टिकुलेट मैटर और नाइट्रोजन ऑक्साइड जैसी गैसें समय से पहले बुढ़ापे का कारण बन सकती हैं।

यह देखते हुए कि छोटे कण पदार्थ कितने छोटे होते हैं, यह हमारी त्वचा के छिद्रों में बहुत आसानी से प्रवेश करते हैं और हमारी त्वचा पर कहर पैदा कर देते हैं। प्रोक्टर एंड गैंबल ने, हाल ही में, एक रिपोर्ट जारी की है जो दर्शाती है कि प्रदूषित हवा में 200 से अधिक रसायन हो सकते हैं जो त्वचा को बुढ़ापे की त्वचा की तरह बना दे सकते हैं। और महिलाओं के स्वास्थ्य पर, हाल के एक अध्ययन में, शहरी जीवन में वायु प्रदूषण ने कथित उम्र बढ़ने में 10 प्रतिशत तक जोड़ा।

वायु प्रदूषण ने कॉस्मेटिक उत्पादों की एक पूरी नयी श्रृंखला को भी बढ़ावा दिया है, जिसमें मॉइस्चराइज़र, अंडर-आई क्रीम और सीरम शामिल हैं, जिनका उद्देश्य आपके दिखावट पर प्रदूषण के प्रभाव को कम करना है।

बीमार इमारत सिंड्रोम (SBS)

हम अपने जीवन का 80 से 90 प्रतिशत घर/ इमारत के अन्दर बिताते हैं और दुर्भाग्य से, इसका अधिकांश हिस्सा प्रदूषित हवा में साँस लेने में होता है। बीमार बिल्डिंग सिंड्रोम (एस बी एस) का उपयोग एक ऐसी स्थिति का वर्णन करने के लिए किया जाता है जिसमें एक इमारत में रहने वाले लोग तीव्र स्वास्थ्य/आराम से सम्बन्धित प्रभावों का अनुभव करते हैं जो सीधे इमारत में बिताये गये समय से जुड़े होते हैं। किसी भी विशिष्ट बीमारी या कारण की पहचान नहीं की जा सकती है। एस बी एस के लक्षण आमतौर पर सिरदर्द, आँख, नाक या गले में जलन, एकाग्रता में कठिनाई, थकान और सूखी खाँसी होते हैं। इन लक्षणों से केवल तभी राहत मिलती है जब लोग इन इमारतों से निकल जाते हैं।

भारत में लगभग हर कार्यालय जाने वाला अपने जीवन में कभी न कभी एस बी एस से पीड़ित हुआ है क्योंकि हमारी अधिकांश इमारतें हवादार नहीं हैं। यह, बाहर ख़तरनाक हवा के साथ मिलकर, थकान की समग्र भावना में योगदान

देता है जो हम हर दिन अनुभव करते हैं, ख़ासकर यदि आप एक भारतीय मेट्रो में रहते हैं।

बन्द कमरे की बैठकों में हमें नींद क्यों आती है

अन्दरूनी वायु प्रदूषण के प्रभाव कभी-कभी तुरन्त स्पष्ट होते हैं। तथ्य यह है कि स्वच्छ हवा का सीधा प्रभाव पड़ता है हमारी होशियारी पर। दिमाग़ की कार्यक्षमता का एक सीधा सम्बन्ध। कई अध्ययनों ने भी इसे साबित किया है। अपनी उत्पादकता पर वायु प्रदूषण के प्रभावों को महसूस करने के लिए एक शोध पत्र पढ़ने की भी आवश्यकता नहीं है। काफ़ी सम्भावना है कि आपने पहले से ही यह अनुभव किया होगा। एक नियमित कार्यदिवस के बारे में सोचें। आप अपने सहयोगियों के साथ एक बैठक में जाते हैं और फिर अगले कुछ घंटों में महत्त्वपूर्ण मामलों पर चर्चा करते हैं। अब इस बारे में बारीकी से सोचें कि जब आप उस कमरे से बाहर निकलते हैं तो आप कैसा महसूस करते हैं? क्या आप सुस्त महसूस करते हैं? शायद सिरदर्द की शुरुआत भी हो सकती है?

मानव हृदय शरीर के विभिन्न हिस्सों में 7000 लीटर रक्त पम्प करता है। हालाँकि मस्तिष्क हमारे शरीर के कुल वज़न का सिर्फ़ 2 प्रतिशत है, इसे कुल रक्त का 20 प्रतिशत की आवश्यकता होती है, जो हृदय द्वारा पम्प किया जाता है। हमारे शरीर में अन्य कोशिकाओं की तुलना में, मस्तिष्क की कोशिकाएँ ऑक्सीजन पर अधिक निर्भर हैं। ऑक्सीजन से वंचित होने पर, ये कोशिकाएँ मर जाती हैं।

जब हमारे रक्त में कार्बन डाइऑक्साइड और अन्य प्रदूषक घुल जाते हैं, तो मस्तिष्क अपने इष्टतम स्तर पर काम करना बन्द कर देता है। हमारी नसों के माध्यम से बहने वाला रक्त लाखों कोशिकाओं से बना होता है। जब हम प्रदूषकों को साँस लेते हैं, तो वे इस रक्त कोशिकाओं के विशाल समुद्र में बाधा बन जाते हैं, जिससे हमारे रक्तप्रवाह में ऑक्सीजन का स्तर कम हो जाता है। जब शरीर में कार्बन डाइऑक्साइड का स्तर बढ़ जाता है, तो इस स्थिति को 'हाइपरकैपनिया' के नाम से जाना जाता है। जब प्रदूषकों का स्तर, वायुमंडल में बहुत अधिक होता है, निश्चित रूप से आपका रक्त दूषित है। जिस तरह से शराब हमारे रक्तप्रवाह में

पहुँच जाता है, उसी तरह जिस तरह प्रदूषक, जो हम हवा से साँस लेते हुए लेते हैं। प्रदूषकों का सीधा असर हमारे ख़ून की गुणवत्ता पर पड़ता है।

जिस कारण से आप उस सम्मेलन कक्ष में नींद या थकान महसूस करते हैं, ऊबने से कम और यह तथ्य अधिक है कि वहाँ बहुत से लोग, एक ही समय में, कार्बन डाइऑक्साइड को, साँस लेते वक़्त, छोड़ रहे होते हैं, जिसका अर्थ है कि सबके रक्तप्रवाह में अधिक कार्बन डाइऑक्साइड है, जिसकी वजह से, ऑक्सीजन की मात्रा, जो मस्तिष्क के लिए पम्प किया जाता है, कम हो जाती है। जब कार्बन डाइऑक्साइड का स्तर बढ़ता है, तो आपका मस्तिष्क शरीर को बोलता है, 'मुझे धीमें चलने की आवश्यकता है'।

जब हमारे रक्त में आवश्यक ऑक्सीजन 90 प्रतिशत से नीचे गिर जाता है, तो कई लक्षण होने लग सकते हैं, जैसे :

- गतिविधि के साथ साँस की तकलीफ़ में वृद्धि
- नाड़ी दर में वृद्धि
- नीले होंठ या नाखून
- सिर दर्द
- अनाड़ीपन
- भ्रम
- कम चेतना
- देखने में कठिनाई
- मांसपेशियों में ऐंठन
- अचानक चिन्ता
- खराब स्मृति

जैसे हीं आप उस बन्द स्थान से बाहर निकलते हैं, आप अन्तर महसूस कर सकते हैं। अब आपको साँस लेने के लिए अधिक ऑक्सीजन मिलता है। बैठक कक्ष में उपलब्ध ऑक्सीजन की सीमित आपूर्ति को अपने सहयोगियों के साथ बाँटने की ज़रूरत नहीं है अब। एकदम राहत महसूस होती है क्योंकि ऑक्सीजन आपके शरीर, दिमाग़ में बढ़ जाती है। अचानक, न केवल आप बेहतर महसूस करते हैं, बल्कि आपके विचार भी अधिक सुसंगत और स्पष्ट हो जाते हैं।

अतः हमारे रक्त में जितनी अधिक ऑक्सीजन होती है, उतना ही बेहतर हमारा मस्तिष्क कार्य करता है। और जितनी अधिक कुशलता से हमारा मस्तिष्क कार्य करता है, हम उतने ही अधिक चतुर हो जाते हैं और हमारी उत्पादकता बढ़ जाती है। दूसरे शब्दों में, स्वच्छ हवा का मतलब बेहतर मस्तिष्क कार्य और, नतीजतन, अधिक उत्पादकता। यह कहना ग़लत नहीं होगा कि स्वच्छ हवा हमें अधिक कुशल बनाती है।

यह कोई आश्चर्य की बात नहीं है कि भगवान बुद्ध ने बोधि वृक्ष, *फिकस रेलिगियोसा* अथवा पीपल का पेड़ के नाम से जाना जाने वाले पेड़, के नीचे ध्यान करते हुए ज्ञान प्राप्त किया। यह पेड़ दोनों दिन और रात के दौरान ऑक्सीजन प्रदान करने के लिए प्रसिद्ध है। इसलिए, यह ध्यान के लिए एक अच्छा स्थान माना जाता है। लेकिन भगवान बुद्ध के विपरीत, हम में से अधिकांश अपने जीवन का एक बड़ा हिस्सा घर के अन्दर बिताते हैं। इसलिए, यह महत्त्वपूर्ण है कि हम अन्दरूनी वायु गुणवत्ता पर ध्यान दें। न केवल हमारे शरीर के अच्छी तरह से काम करने के लिए, बल्कि हमारे दिमाग़ के लिए भी।

2016 के एक अध्ययन में, हार्वर्ड के हेल्थी बिल्डिंग प्रोग्राम के शोधकर्ताओं ने पाया कि हवा की गुणवत्ता का आपकी रोज़मर्रा की उत्पादकता पर बड़ा प्रभाव पड़ सकता है।[10]

उन्होंने वेंटिलेशन के प्रभाव का अध्ययन किया, कार्बन डाइऑक्साइड एकाग्रता को कम किया, विषाक्त रसायनों को हटा दिया और अन्दरूनी हवा की गुणवत्ता को बढ़ाया। उस अध्ययन के बाद, उन्होंने सुझाव दिया कि भवन प्रबन्धकों, आर्किटेक्ट्स और डिजाइनरों को पर्यावरण में कारकों पर उतनी ही गम्भीरता से ध्यान देने की आवश्यकता है जितना कि सौन्दर्यशास्त्र, सहयोगी अन्तरिक्ष और उत्पादकता की गुणवत्ता पर।

अध्ययन में छह कार्य दिवसों में चौबीस लोगों को विभिन्न अन्दरूनी पर्यावरणीय गुणवत्ता की स्थिति से अवगत कराया गया। यह पाया गया कि प्रतिभागियों के संज्ञानात्मक स्कोर एक पारम्परिक इमारत में काम करने वाले दिनों की तुलना में कम प्रदूषण के स्तर वाली इमारतों में काम करने वाले दिनों में औसतन 61 प्रतिशत अधिक थे। लेकिन जब कार्बन डाइऑक्साइड के स्तर

को कम करने के साथ-साथ इमारतों में कम प्रदूषकों को भी जोड़ा गया, तो **संज्ञानात्मक स्कोर 101 प्रतिशत तक बढ़ गया, एक पारम्परिक इमारत में काम करने के मुक़ाबले**। 101 प्रतिशत !

"हम 90 प्रतिशत को अनदेखी कर रहे हैं। हम अपने समय का 90 प्रतिशत घर के अन्दर बिताते हैं और एक इमारत की लागत का 90 प्रतिशत उसमें रहने वाले लोग, फिर भी अन्दरूनी पर्यावरण की गुणवत्ता और स्वास्थ्य और उत्पादकता पर इसका प्रभाव अक्सर एक बाद का विचार होता है", जोसेफ एलन, प्रमुख लेखक और हार्वर्ड सेंटर फॉर हेल्थ एंड द ग्लोबल एनवायरनमेंट में हेल्थी बिल्डिंग प्रोग्राम के निदेशक लिखते हैं।

जैसे-जैसे हमारा कामकाजी जीवन अधिक व्यस्त हो जाता है, हमारे घरों और कार्यस्थलों पर क़रीबी, नज़र डालने का समय आ गया है। हालाँकि हम बाहरी हवा को नियंत्रित नहीं कर सकते, हम अपने घरों में वायु प्रदूषण के स्तर को रोकने के लिए उपाय कर सकते हैं। यदि हम अपनी वायु गुणवत्ता को घर के अन्दर ठीक कर सकें, तो हम कम-से-कम कुछ तो राहत प्राप्त कर सकते हैं।

ऑक्सीमीटर का उपयोग करके अपने रक्त में ऑक्सीजन के स्तर की जाँच करें : ऑक्सीमीटर एक ऐसा उपकरण है जो आपके शरीर में ऑक्सीजन की मात्रा को मापता है और आपके रक्त में ऑक्सीजन के उतार-चढ़ाव का पता लगाता है। ये उपकरण काफ़ी छोटे होते हैं जिससे कि यह उँगली या इयरलोब पर क्लिप किये जा सकते हैं। सामान्य रीडिंग 95 और 100 के बीच होती है, इससे कुछ भी कम का मतलब है कि आपको अपने डॉक्टर के पास जाना चाहिए। इन उपकरणों की क़ीमत 2500 और 7000 रुपये के बीच है और फार्मेसियों में आसानी से उपलब्ध है और इन्हें ऑनलाइन भी ख़रीदा जा सकता है।

स्वच्छ हवा हमें होशियार बनाती है

2016 में, मुझे, जापान फ्लावर और ग्रीनरी प्रमोशन काउंसिल द्वारा गिफू में पौधों के प्रभाव और उपयोगों के बारे में बात करने के लिए आमन्त्रित किया गया था। वहाँ अपने यात्रा के दौरान, मैंने ओसाका और टोक्यो के पौधे और फूल नीलामी केन्द्र का दौरा किया। यह केन्द्र, एक बड़े पैमाने पर मछली बाज़ार की तरह था,

जहाँ हर रोज़ जापान और दुनिया भर के वितरकों द्वारा दस लाख पौधे ख़रीदे जाते हैं। मैं इस दृष्टि से चकित रह गया था और इस नये अनुभव के साथ वापस आया। मेरे भाषण की प्रमुख बातों में से एक यह थी कि वायु प्रदूषण हमें कम स्मार्ट कैसे बना रहा है। मेरा भाषण, जो इस बारे में था कि कैसे स्वच्छ हवा मस्तिष्क के कार्य को बढ़ा सकती है, उसमें यह भी विस्तृत था कि हम अपनी ताज़ी हवा कैसे विकसित कर सकते हैं। और ऐसा करने के तरीक़ों में से एक यह है कि, हमारे घरों में अधिक कुशल ऑक्सीजन उत्पादक पौधे रखे जायें। सात सौ लोगों ने उस संगोष्ठी में भाग लिया।

महीनों बाद मुझे परिषद द्वारा बताया गया था कि मेरी भाषण के बाद *संसेविऐरिया* पौधा—तीन आम घरेलू पौधों में से एक जो रात में ताज़ा हवा विकसित कर सकते हैं— पूरी तरह से बिक गया था।

वर्षों से जापान की उत्पादकता के आँकड़ों को उनकी काम करने की सख़्त संस्कृति के कारण नुक़सान हुआ था। वास्तव में, जापानियों के पास इसके लिए एक शब्द है—*करोशी*—जो 'कमरतोड़' में अनुवाद होता है। आज, जापानी सरकार नागरिकों की उत्पादकता को बढ़ावा देने के लिए एक नया दृष्टिकोण अपना रही है, और कई तरीक़ों में से एक, बात और बहस को प्रोत्साहित करना है, जो किसी व्यक्ति को अधिक उत्पादक बनाता है। काश हम उनके उदाहरण का पालन करते!

संज्ञानात्मक क्षमता जानकारी को संसाधित करने का कौशल है। वे मुख्य कौशल हैं जो मस्तिष्क ध्यान देने, सोचने, राजद्रोह, सीखने और याद रखने के लिए उपयोग करता है। जैसा कि हमने देखा है, प्रदूषित हवा में रहने से हमारी संज्ञानात्मक क्षमता काफ़ी कम हो सकती है। हम परीक्षणों में बदतर करते हैं, हमारे काम में कम उत्पादकता होती है और अनुचित क्रोध विस्फोट का कारण हो सकता है।

2016 में, पावेल वारगोकी, एसोसिएट सदस्य, हीटिंग के अमेरिकन सोसाइटी, रेफ्रिजरेटिंग एंड एयर कंडीशनिंग इंजीनियर्स (ए एस एच आर ए इ), ने एक अध्ययन प्रस्तुत किया, यह दिखाने के लिए कि नींद की गुणवत्ता ने अगले दिन के प्रदर्शन को कैसे प्रभावित किया।[11] वारगोकी यह सवाल पूछ रहे थे:

अगर हम सोते हुए साफ़ हवा में साँस लेते हैं, तो क्या हम अगले दिन अधिक उत्पादक होते हैं?

सोलह छात्रों को डेनमार्क के तकनीकी विश्वविद्यालय में एक से कमरों में रखा गया। दो सप्ताह की अवधि में, शोधकर्ताओं ने छात्रों के सोते समय वेंटिलेशन के विभिन्न स्तरों के साथ हेरफेर किया, कभी इसे बढ़ाया तो कभी कम किया, और लगातार कार्बन डाइऑक्साइड के स्तर की निगरानी करते रहे। जागने पर, छात्रों को प्रश्नावली और दो परीक्षण दिये गये जो उनके ध्यान और एकाग्रता को मापते।

परिणाम स्पष्ट थे। बेहतर हवादार कमरों के छात्रों ने भरे हुए कमरों के छात्रों की तुलना में संज्ञानात्मक परीक्षणों पर बहुत बेहतर प्रदर्शन किया। दूसरे शब्दों में, जिसके पास स्वच्छ हवा पहुँची थी, उसने अपने परीक्षणों में बेहतर प्रदर्शन किया।

वारगोकी का कहना है कि बच्चे सबसे ज़्यादा प्रभावित होते हैं, ख़राब अन्दरूनी वायु गुणवत्ता से। "हमने पाया है कि उनका प्रदर्शन और अधिक प्रभावित होता है, कम नहीं। हमारा मानना है कि ऐसा इसलिए है क्योंकि स्कूल में बच्चे, परिभाषा के अनुसार, ऐसा काम करते हैं जो उनके लिए नया है, जबकि वयस्क श्रमिक, आमतौर पर, अपने काम से अच्छी तरह परिचित होते हैं और पर्यावरणीय प्रभावों से, जो उनके काम को और अधिक कठिन बनाते हैं, निपटने में सक्षम होते हैं।"

तो हमारी हवा में क्या ज़हरीला है?

हम जिस हवा में साँस लेते हैं, वह 78 प्रतिशत नाइट्रोजन, 21 प्रतिशत ऑक्सीजन और कार्बन डाइऑक्साइड, आर्गन, मीथेन और अन्य गैसों के छोटे हिस्सों से बनी होती है। जब यह सन्तुलन बिगड़ जाता है और कार्बन डाइऑक्साइड जैसे गैसेस की मात्रा बढ़ जाती है, तब बाहरी हवा को प्रदूषित माना जाता है। आइये हमारी हवा में मुख्य प्रदूषकों को देखें।

पार्टिकुलेट मैटर या पी एम : हवा में बेहद छोटे ठोस कणों या तरल बूँदों का मिश्रण। ये कण कई आकारों में बनते हैं। कुछ तो नग्न आँखों से देखे

जा सकते हैं, उदाहरण के लिए, धुआँ, गन्दगी और कालिख। जटिल रासायनिक प्रतिक्रियाओं द्वारा गठित कण आमतौर पर वाहनों, उद्योगों और बिजली संयन्त्रों द्वारा उत्सर्जित होते हैं। पी एम सबसे ख़तरनाक वायु प्रदूषकों में से एक है। यह मृत्यु, पुरानी साँस की बीमारी और दृष्टि के कमज़ोर होने का कारण बन सकता है। पहले से मौजूद दिल या फेफड़ों की बीमारी वाले लोगों या दमा के रोगियों को विशेष रूप से जोखिम होता है। ये नैनोकण कार्सिनोजेनिक हैं, जिसका अर्थ है कि वे कैंसर का कारण बन सकते हैं। पी एम 2.5 और पी एम 1 एस सबसे ख़तरनाक हैं क्योंकि वे अपने छोटे आकार के कारण मानव शरीर के सभी हिस्सों में प्रवेश कर सकते हैं। दिल्ली में, पी एम को 80 से 90 प्रतिशत, पी एम 2.5 एस (पिछले एक वर्ष में नेहरू प्लेस, नयी दिल्ली में पी बी सी द्वारा दैनिक माप) पाया गया है।

ओजोन (ओ 3): जब हम ओजोन के बारे में सोचते हैं तो पहली छवि जो दिमाग़ में आती है वह वायुमंडलीय परत है जो पृथ्वी को यूवी किरणों से बचाती है। तो यह हमारे लिए ख़राब कैसे हो सकता है? जवाब में निहित है कि ओजोन कहाँ स्थित है। ओजोन अच्छा और बुरा हो सकता है, यह इस बात पर निर्भर करता है कि यह कहाँ स्थित है। जब यह समताप मंडल में ऊँचा होता है, तो ओजोन अच्छा होता है क्योंकि तब यह ग्रह पर सभी जीवन की रक्षा करता है।

जब ओजोन गैसें ज़मीनी स्तर पर या उसके क़रीब होता है तो यह हमारी साँस के लिए हानिकारक होता है। वायुमंडल के निचले हिस्से में 'ख़राब' ओजोन सूर्य के प्रकाश में नाइट्रोजन ऑक्साइड और वी ओ सी जैसे विभिन्न विषाक्त पदार्थों की रासायनिक संरचना के माध्यम से बनाया जाता है। कारों और कारख़ानों से उत्सर्जन नाइट्रोजन ऑक्साइड और वी ओ सी जारी करते हैं। ओजोन धुन्धा का भी मुख्य घटक है। ओजोन के बार-बार सम्पर्क में आने से कई स्वास्थ्य जटिलताएँ हो सकती हैं, विशेष रूप से फेफड़ों के बाहर के कार्य को प्रभावित कर सकती हैं, ब्रोंकाइटिस और अस्थमा को प्रेरित कर सकती हैं। ओजोन का उच्च स्तर घातक हो सकता है। जैसा कि पहले चर्चा की गयी थी, राइस यूनिवर्सिटी और ह्यूस्टन फायर डिपार्टमेंट ई एम एस द्वारा किये गये एक अध्ययन में दिल का दौरा और पी एम 2.5 और ओजोन के सम्पर्क में आने के

बीच एक सीधा सम्बन्ध पाया गया। "20 पी पी बी की ओजोन की प्रत्येक वृद्धि से, एक से तीन घंटे में, अस्पताल के बाहर दिल का दौरा पड़ने के जोखिम में 4.4 प्रतिशत तक की वृद्धि हुई है।"

ओजोन भी त्वचा, संवेदनशील फेफड़ों पर झुर्रियों और फेफड़ों द्वारा रक्तप्रवाह में कण पदार्थ के संचरण के एक बढ़े हुए अवशोषण और तीव्रता को जन्म दे सकता है। इसलिए आप जितने अधिक ओजोन के सम्पर्क में आते हैं, आपके फेफड़ों के लिए इस घातक विष को अवशोषित करना उतना ही आसान होता है।

अतिरिक्त कार्बन डाइऑक्साइड (सी ओ 2): कार्बन डाइऑक्साइड वातावरण में स्वाभाविक रूप से होता है, लेकिन जब स्तर बढ़ता है तो यह हमारे लिए ख़तरनाक हो जाता है। हवा में बहुत अधिक कार्बन डाइऑक्साइड सिरदर्द, चक्कर आना, बेचैनी, स्तनपान करने में असमर्थ महसूस करना, पसीना, दृश्य विरूपण, जी मिचलाना और चेतना की हानि का कारण बनता है। घर के अन्दर, अधिक कार्बन डाइऑक्साइड भी अन्य प्रदूषकों के ऊँचे स्तर का संकेतक है। यह अक्सर उन स्थानों में होता है जो ठीक से हवादार नहीं होते हैं। बाहर से अन्दर आने वाली हवा को रोक के (घरों, कार्यालयों और अन्य बन्द स्थानों में), कार्बन डाइऑक्साइड, जिसे हम साँस लेते हैं, बस उसी जगह प्रसारित होता रहता है जहाँ हम रहते हैं। चूँकि अन्दरूनी हवा भी प्रदूषित है, इसलिए कार्बन डाइऑक्साइड अन्दर मौजूद अन्य प्रदूषकों के साथ मिश्रित होती है, जिससे पहले से ही गन्दी हवा में और भी गन्दगी जुड़ जाती है।

सल्फर ऑक्साइड और नाइट्रोजन ऑक्साइड : कोयला और पेट्रोलियम में अक्सर सल्फर यौगिक होते हैं। उनका दहन सल्फर डाइऑक्साइड उत्पन्न करता है। सल्फर ऑक्साइड विभिन्न औद्योगिक प्रक्रियाओं, बिजली उत्पादन और जगहों को गरम करने की प्रक्रिया के कारण होता है। नाइट्रोजन ऑक्साइड का मुख्य स्रोत सड़क यातायात और दहन प्रक्रियाएँ हैं।

नाइट्रोजन ऑक्साइड और सल्फर ऑक्साइड दोनों मुख्य रूप से अड़चन के रूप में कार्य करते हैं जो आँखों, नाक, गले और श्वसन पथ के बलगम को प्रभावित करते हैं।

वाष्पशील कार्बनिक यौगिक (वी ओ सी): वी ओ सी कार्सिनोजेनिक होते हैं और ज़्यादातर घर के अन्दर पाये जाते हैं। वे ज़्यादातर चीज़ों से घर के अन्दर की चीज़ों से उत्सर्जित होते हैं, जैसे कि पेंट, फ़र्नीचर, मार्कर पेन, नेल पॉलिश रिमूवर, वार्निश, डियोड्रेंट, आदि। वे अड़चन के रूप में कार्य करते हैं और लम्बे समय में कैंसर का कारण बन सकते हैं।

मैंने अपने जीवन में वायु प्रदूषण को रोकने के लिए क्या किया : मैंने अपने कार्यालय के कार्यक्षेत्र को एक माइक्रोक्लाइमेट बनाकर, इमारत के अन्दर बेहतर हवा की गुणवत्ता रखने के लिए बदल दिया, जो ताज़ी हवा को बढ़ाने में मदद करता है। मेरा कार्यालय नयी दिल्ली में नेहरू प्लेस के वाणिज्यिक और व्यावसायिक ज़िले के केन्द्र में स्थित है, एक ऐसा क्षेत्र जहाँ हर दिन 1,30,000 से अधिक लोगों का आना-जाना है। इमारत के आसपास के क्षेत्र में पी एम (1, 2.5 और 10) के स्तर, सल्फर ऑक्साइड और नाइट्रोजन ऑक्साइड, वी ओ सी, ओजोन और अन्य प्रदूषकों की उच्च संख्या है। फिर भी, यदि आप 5000 वर्ग मीटर की इमारत में प्रवेश करते हैं, तो वहाँ की हवा साफ़ और शुद्ध है जैसे कि कश्मीर में गुलमर्ग या स्विट्जरलैंड में, दावोस में। सी पी सी बी ने हमारी इमारत को दिल्ली-एन सी आर में सबसे स्वस्थ पाया है।

अन्दरूनी हवा के लिए दुनिया भर में मानक हैं: कार्बन डाइऑक्साइड परिवेशी हवा पर 600 पी पी एम से कम होना चाहिए। पी एम 10, 50 माइक्रोग्राम प्रति क्यूबिक मीटर से कम होना चाहिए पीएम 2.5, 15 माइक्रोग्राम प्रति घन मीटर से कम होना चाहिए। हमारी इमारत में, संख्याएँ मानकों से नीचे हैं और यह एक अच्छी बात है! मैंने इस तरह की अपराजेय बाधाओं के ख़िलाफ़ यह कैसे हासिल किया?

हालाँकि पी बी सी एक व्यवसाय केन्द्र के अवधारणा पर चलता है, यह प्रकृति की नक़ल करता है। हमारी इमारत एक पुरानी रेट्रोफिट, अलग से खड़ी इमारत है, जिसे इस तरह से डिज़ाइन और योजनाबद्ध किया गया है जो पर्यावरण और उसके लोगों के प्रति अपनी चिन्ता का प्रदर्शन करती है। यह सुनिश्चित करने के उद्देश्य से कि काम पर स्वास्थ्य और कल्याण भागफल स्थिर रहें, हमने एक

बायोफिलिक दृष्टिकोण अपनाया है। हमने एक आसान और प्रतिकृति समाधान विकसित किया है ।

हमारी इमारत की छत पर, मैंने एक स्क्रबर स्थापित किया जो प्रदूषकों को कम करने के लिए बाहरी हवा को 'धोता' है। छत पर हमारा ग्रीन हाउस भी मौजूद है, जो हमारी इमारत के फेफड़ों के रूप में जाना जाता है। यह 400 वायु शुद्ध करने वाले पौधों को आश्रय देता है जो हाइड्रोपोनिक्स में उगाये जाते हैं, अर्थात, बग़ैर मिट्टी के। कार्बन मोनोऑक्साइड, बेंजीन और फॉर्मेल्डिहाइड जैसे और भी प्रदूषकों को हटाने के लिए इस ग्रीनहाउस में हवा को परिचालित किया जाता है। इसके बाद पूरी बिल्डिंग में हवा प्रसारित की जाती है। हमारी इमारत में बैक्टीरिया और फुई का स्तर किसी भी प्रमुख अस्पताल की तुलना में कम है!

हमारे यहाँ तीन सामान्य घरेलू पौधे भी हैं जो हवा से विषाक्त पदार्थों को ख़त्म करने और ऑक्सीजन की आपूर्ति करने में मदद करने में प्रभावी हैं । ये चमत्कार करने वाले हैं अरेका पाम, सास की जीभ और मामूली मनी प्लांट। पहला, दिन के दौरान ऑक्सीजन का उत्पादन करता है और दूसरा रात में, और इसलिए इसे बेडरूम प्लांट के नाम से भी जाना जाता है। यदि आप एक स्वस्थ घर चाहते हैं, तो आपको इमारत के अन्दर ऑक्सीजन विकसित करने की आवश्यकता है। तीसरा, हवा से आमतौर पर घरों और कार्यालयों में पाये जाने वाले फॉर्मेल्डिहाइड जैसे वाष्पशील रसायनों को हटा देता है।

2035 तक दुनिया भर में ऊर्जा की खपत 49 प्रतिशत बढ़ जायेगी[12] और अभी दुनिया की ऊर्जा का लगभग 40 प्रतिशत वाणिज्यिक और आवासीय दोनों इमारतों द्वारा खपत किया जाता है।[13] इसे ध्यान में रखते हुए, यह दिलचस्पी की बात है कि पी बी सी की कुल ऊर्जा लागत 64 अधिकांश उसी के आकार की इमारतों की तुलना में कम है, क्योंकि हमें अन्य स्रोतों से ताज़ी हवा की आवश्यकता कम है। पी बी सी में, विद्युत की हमारी अधिकतम माँग, जो 1991 में 865 के वी ए (किलो-वॉल्ट-एम्पीयर, बिजली को मापने के लिए उपयोग की जाने वाली इकाई) हुआ करती थी, 2018 में 240 के वी ए तक कम हो गयी है। हमारी वार्षिक औसत ऊर्जा खपत वर्तमान में 17 वाट घंटे प्रति वर्ग मीटर प्रति घंटे है और हम, भारत सरकार के ऊर्जा दक्षता ब्यूरो (बी ई ई) द्वारा 5-स्टार

प्रमाणित किये गये हैं। सबसे अच्छी बात यह है कि दक्षता का स्तर आसमान छूने लगता है। हमारे अपने अध्ययनों से पता चलता है कि मानव उत्पादकता में केवल ताज़ी हवा के कारण 20 प्रतिशत से अधिक की वृद्धि हुई है। हमने पाया है कि यदि आप लगभग आठ घंटे इस इमारत में बिताते हैं तो आपके रक्त में ऑक्सीजन के स्तर में 1 प्रतिशत की वृद्धि होने की 42 प्रतिशत सम्भावना है।

हर कोई समस्या के बारे में बात करता है, लेकिन बहुत कम लोग समाधान के बारे में बात करते हैं। इस पुस्तक में, मैं आपको समाधान के साथ सशक्त बनाने जा रहा हूँ, ताकि आप अपने स्वास्थ्य को अपने हाथों में ले सकें।

स्वच्छ हवा हमें शान्त और कम तनावग्रस्त होने में मदद कर सकती है, स्कूल में बेहतर अंक प्राप्त करना, और काम पर अधिक उत्पादक हो सकना। हम वास्तव में चमक सकते हैं। हमारी हवा को साफ़ करना सीधे हमारे कल्याण से सम्बन्धित है। यह ज़रूरी है कि हम प्रबन्धक, मालिक और माता-पिता, सरकार के हमें बचाने के लिए इंतजार किये बिना, अपने घरों और कार्यालयों में स्वच्छ हवा के समाधान पर काम करना शुरू कर दें। जिस हवा में हम साँस लेते हैं वह हम सभी की है। यह हमारी ज़िम्मेदारी है कि हम इस जीवन-देने वाले, साझा संसाधन को भ्रष्ट न करें। परवाह न करने और यह कहने कि 'यह मेरी समस्या नहीं है, सरकार इसे ठीक करे' हमें कहीं भी नहीं ले जायेगी। बल्कि, यह हमें आज से भी ज़्यादा बुरे समय की ओर ले जाएगा। क्या आप, वास्तव में, उस दिन का इंतजार करना चाहते हैं जब, मुझ जैसे, आप जागते हैं और पता चलता है की आप साँस नहीं ले पा रहे हैं? यदि आपका जवाब 'नहीं' है, तो वो समय आ गया है जब की आप उठकर और अपने रोजमर्रा के जीवन में छोटे बदलाव करना शुरू करें, जो दुनिया पर प्रभाव छोड़ सकते हैं। मैंने यही किया था और यही कारण है कि आज मैं अपनी कहानी बताने के लिए ज़िंदा खड़ा हूँ।

अन्दरूनी हवा उतनी ही विषैली होती है जितनी कि बाहरी

'घर के अन्दर रहो'

यह सरकारों और समाचार चैनलों, दोनों द्वारा दी जाने वाली सबसे आम सलाह है, हर बार, जब वायु प्रदूषण, शरद ऋतु के अन्त में, हमारे शहरों में ख़तरनाक स्तर तक पहुँच जाता है। यदि आप एक भारतीय शहर में रहते हैं, तो बाहरी प्रदूषण अक्सर इतना वास्तविक होता है कि आप इसे लगभग अपनी उँगलियों से छू सकते हैं। जब आप एक वाहनों से भरी सड़क पर चल रहे होते हैं, नाक और मुँह को ढककर, वाहनों के धुएँ से बचने के लिए, कभी-कभी सर्दियों के दिनों में मास्क तक पहनकर, आप अक्सर अपने घरों या कार्यालयों में वापस पहुँचने के लिए अपनी गति को तेज़ करते हैं क्योंकि आप जानते हैं कि यह ही वे जगह हैं जहाँ आप सुरक्षित होंगे।

जब बाहर की हवा ख़राब होती है तो घर के अन्दर रहना, अच्छी सलाह है, यदि आपके घर में उत्कृष्ट एयर प्यूरिफायिंग समाधान हो। अगर नहीं है तो घर के अन्दर रहना यह सुनिश्चित नहीं करता कि आप सुरक्षित हैं। इस आशा से कि आप बाहर की हवा से बचे रहेंगे, सारे खिड़की दरवाज़े बन्द कर देने से नहीं चलेगा। और इसका एक उचित कारण है। हमारे घरों और कार्यालयों के अन्दर की हवा, बाहरी हवा की तुलना में, उतना ही या उससे भी अधिक ख़तरनाक है। यह वायु प्रदूषण का एक और पहलू है जिससे हमें जूझना होगा।

तो अन्दरूनी हवा अधिक प्रदूषित क्यों है?

दो भाग हैं जो अन्दरूनी हवा के होते हैं। एक बाहरी हवा है जो लगातार हमारे घरों में घुस रही है, और दूसरी घर के अन्दर की हवा। दोनों घटकों में प्रदूषकों

का अपना हिस्सा है। हम बाहरी हवा के प्रमुख प्रदूषकों को जानते हैं : पी एम, कार्बन डाइऑक्साइड, ओजोन, नाइट्रोजन ऑक्साइड और सल्फर ऑक्साइड। लेकिन अन्दरूनी हवा में प्रदूषकों की अपनी ही विशेष नस्ल होती है जिसके बारे में हम अधिकांश लोगों को पता भी नहीं है। हमारे घरों के अन्दर क्या विषाक्त पदार्थ हैं जो हवा को ख़राब करते हैं? इसे समझने के लिए, मैं आपके घर के अन्दर की हवा को विच्छेदित करूँगा और आपको विभिन्न तत्त्वों को दिखाऊँगा। अन्दरूनी हवा वी ओ सी, फुफूँदी, पराग धूल, वार्निश और पेंट से धुआँ, पालतू जानवरों के बाल, मोमबत्तियों और अगरबत्ती से धुआँ, स्याही और निश्चित रूप से, कार्बन डाइऑक्साइड जो हम लगातार साँस लेते वक़्त छोड़ते है, इन सबका एक संयोजन है।

ये विषाक्त पदार्थ, बाहर की प्रदूषित हवा

जो सभी स्थानों में स्वतन्त्रता से बहती है—विषाक्तता के स्तर को बढ़ाते हैं। यह जानकर आप अपने घर को एक नये नज़रिया से देख सकते हैं। अधिकांश भारतीय घर, जब ठीक से साफ, संरक्षित और सील नहीं किये जाते, तो अक्सर यातायात-भरे, धूल से घिरे, गन्दे शहर, जिनमें हम रहते हैं, उनकी तुलना में अधिक प्रदूषित होते हैं। क्या आपने कभी सोचा था कि आपका सोफा या आपके लिविंग रूम का कालीन आपके घर में हवा को प्रदूषित कर रहा हो सकता है? शायद नहीं। लेकिन सच्चाई यह है कि वे करते हैं। जब बाहर की हवा, हानिकारक पी एम और अन्य गैसों से लदी, हमारे घरों में घुसती है, तो यह अन्दरूनी कार्बन डाइऑक्साइड और वी ओ सी के साथ मिलकर एक ख़तरनाक समस्या खड़ा कर देती है। अन्दरूनी वायु प्रदूषण वास्तव में अधिक जटिल है क्योंकि न केवल हम बाहरी वायु प्रदूषण से निपट रहे हैं, बल्कि हमारे घरों के अन्दर की सभी चीज़ें, वैसे भी, हवा को प्रदूषित करती हैं। स्विट्जरलैंड जैसे देश में भी, जहाँ बहुत साफ़ हवा है, वहाँ भी अन्दरूनी प्रदूषण है। एक महत्त्वपूर्ण अन्तर ये है : उनकी बाहरी हवा, हमारी तुलना में, बहुत साफ़ है। इसलिए उन्हें बस इतना करना है कि अपनी खिड़कियाँ और दरवाज़े खोलें ताकि ताज़ी हवा घर के अन्दर से गुज़रकर हानिकारक गैसों को बाहर बहाकर ले जा सके।

तो वी ओ सी क्या हैं?

इसे समझने के लिए, हमें थोड़ा भौतिक विज्ञान याद करने की ज़रूरत है। चिन्ता मत करिये मैं आपको पाठ पढ़ा कर बोर नहीं करूँगा। बस यह ध्यान रखें : दुनिया निरन्तर गति में है।

इसका मतलब यह है कि हमारे चारों ओर की दुनिया निरन्तर प्रवाह की स्थिति में है। स्थूल दृष्टि से इसका अर्थ है कि सूर्य चमकता है, पृथ्वी सूर्य के चारों ओर घूमती है, पृथ्वी अपनी धुरी पर घूमती है, दिन है और रात है, ऋतुएँ हैं। सागर की हर लहर अलग-अलग है। और फिर यह अन्य, छोटे परिवर्तन हैं, जिन्हें हम देख, समझ और महसूस कर सकते हैं। हम क़द में लम्बे हो जाते हैं, हम उम्र में बड़े हो जाते हैं, हमारी त्वचा झड़ती है, हमारे नाखून फिर से बढ़ते हैं, हम अपने दाँत खोते हैं, और कुछ उग जाते हैं, हमारे अंग पतित हो जाते हैं।

एक तीसरे प्रकार का परिवर्तन होता है, एक सूक्ष्म सा, जो आणविक स्तर पर होता है। सभी पदार्थ—ठोस, तरल और गैस—छोटे कणों से बने होते हैं जिन्हें परमाणु कहा जाता है जो अणुओं को बनाने के लिए जुड़ते हैं। और ये परमाणु हर पल अपनी स्थिति बदल रहे होते हैं। यहाँ तक कि, उस पल भी जब आप इस पुस्तक को पढ़ रहे होते हैं, और वह आपके हाथों में होता है, अणु जो, इस पुस्तक को बनाने के लिए एक साथ जुड़ गये हैं, वे बदल रहे होते हैं। यह पदार्थ का गतिज सिद्धान्त है। यदि आप परिवर्तन को जल्दी से देखना चाहें, तो पुस्तक को कुछ उच्च गर्मी दें, जैसे आग! यह अपने आप आपके लिए अपनी स्थिति बदल के दिखा देगा! हालाँकि मैं, इस पुस्तक को, किसी भी क़ीमत में, आग लगाने का सुझाव नहीं दे रहा! इस सिद्धान्त के अनुसार, आपके घर में जो कुछ भी है—टेबल, कुर्सियाँ, कटलरी, किताबें, टेलीविज़न कपड़े, काग़ज़, इलेक्ट्रॉनिक्स, बस सभी कुछ, निरन्तर प्रवाह की स्थिति में है। और इस परिवर्तन का एक उप-उत्पाद गैस हैं। जिस बिस्तर पर आप अभी पड़े हैं, वह एक गैस जारी कर रहा है। इस गैस को एक वाष्पशील कार्बनिक यौगिक या वी ओ सी कहा जाता है—अधिकतम परिवर्तन का एक प्राकृतिक उप-उत्पाद। हमारी प्यारी चीज़ों द्वारा जारी सभी गैसें घर पर विषाक्त नहीं होतीं। प्राकृतिक-अनुकूल पदार्थों से बनायी गयी वस्तुओं से जारी गैस विषाक्त नहीं होती।

मैंने एक बार अपने घर के अन्दर वी ओ सी के स्तर को मापा और मैंने जो पाया वह यह था। बन्द खिड़कियों और दरवाज़ों के साथ और जहाँ दो लोग सोये हों, एक साधारण बेडरूम में, अगली सुबह ये परिणाम थे : पी एम बाहरी हवा के बराबर था या बाहरी हवा की तुलना में 20 से 30 प्रतिशत कम था, सल्फर और नाइट्रोजन ऑक्साइड बराबर या बाहरी हवा की तुलना में 10 से 15 प्रतिशत कम था। जब अन्दरूनी कार्बन डाइऑक्साइड का स्तर 2500 पी पी एम था, तो बाहरी हवा में 400 पी पी एम कार्बन डाइऑक्साइड का स्तर था। उच्च कार्बन डाइऑक्साइड का स्तर हमेशा कमरे में उच्च वी ओ सी का एक सही संकेतक होता है। एक बन्द कमरे में वी ओ सी दस गुना अधिक होते हैं। लेकिन इसका मतलब यह नहीं है कि बाहरी हवा ख़तरनाक नहीं है। मैं जो समझाने की कोशिश कर रहा हूँ वह यह है कि दोनों प्रकार की हवा (आउटडोर और इनडोर) में प्रदूषकों का हिस्सा है। बेशक, बाहरी हवा में सबसे ख़तरनाक प्रदूषक होते हैं। लेकिन चूँकि हम घर के अन्दर अधिक समय बिताते हैं, इसलिए हमें वहाँ के प्रदूषकों की जाँच करने की भी आवश्यकता है।

बाहरी हवा को साफ़ करने के लिए, हमें सरकारी और ग़ैर-सरकारी संगठनों के समर्थन की आवश्यकता होती है, जबकि हमारे घरों की सफ़ाई पूरी तरह से हमारे नियन्त्रण में है। और यही कारण है कि मैं चाहता हूँ कि आप अपने घरों को एक नये दृष्टिकोण के साथ देखना शुरू करें। वी ओ सी आँख, नाक और गले में जलन पैदा कर सकते हैं; सिरदर्द, समन्वय की हानि, जी मिचलाना और जिगर और दिल, गुर्दे और केन्द्रीय तन्त्रिका तन्त्र को नुक़सान। कुछ वी ओ सी कैंसर का कारण बन सकते हैं। हानिकारक वी ओ सी ज़्यादातर पेंट, मोम, डिटर्जेंट, ऑफ़िस प्रिंटर, ड्राई क्लीन किये गये कपड़े, डियोड्रेंट, हेयरस्प्रे, प्लाईवुड फ़र्नीचर, गद्दे, कपड़े, नेल पॉलिश, गोंद, फोम कुशन, योग मैट, शॉवर के पर्दे, खिलौने, कीटाणुनाशक, वार्निश, गोंद जैसे पदार्थों से होते हैं। चूँकि ये पदार्थ आमतौर पर घर के अन्दर पाये जाते हैं, इसलिए वातावरण की तुलना में आपके घर के अन्दर वी ओ सी का स्तर बहुत अधिक होता है। हजारों वी ओ सी होते हैं लेकिन जिन पर हमें ग़ौर करना चाहिए, वे निम्नलिखित हैं, क्योंकि अधिक मात्रा में ये कार्सिनोजेनिक हो सकते हैं:

- **फोर्मलडीहाइड :** काग़ज़ के बैग, काग़ज़ के तौलिए, टिश्यू, प्लाईवुड पैनलिंग, सिंथेटिक कपड़े में पाया जाता है
- **टोल्यूनि :** एक विलायक जो पेंट थिनर, गोंद और नेल पॉलिश में पाया जाता है, और नायलॉन और प्लास्टिक बनाने में उपयोग किया जाता है।
- **एसीटोन :** नेल पॉलिश रिमूवर और व्हाइटबोर्ड मार्करों में पाया जाता है—कुछ भी स्पिरिट की गन्ध के साथ
- **बेंजीन :** प्लास्टिक, रेजिन, डिटर्जेंट, रंजक, कीटनाशकों, तम्बाकू का धुआँ, गोंद, फ़र्नीचर मोम और पेंट में पाया जाता है।

वास्तव में, अन्दरूनी प्रदूषण में सबसे बड़ा योगदानकर्ता पेंट, वार्निश और फ़र्नीचर का होता है। हम पेंट के बारे में तो कुछ ख़ास नहीं कर सकते क्योंकि घरों में वो चारों ओर शामिल होता है। लेकिन अगर आपके घर में पेंटिंग का काम हो रहा है, तो जितना हो सके उतना दूर रहने की कोशिश करें, घर को फिर से कब्ज़ा करने से पहले एक सप्ताह के लिए खुला रख कर हवा दें। यदि आप फ्यूरनिट्यूचर के अलग-अलग आइटम को रंग रहे हों तो इसे बाहर करें, पेंट को पूरी तरह से सूखने दें, और फिर आइटम को अपने घर में वापस लायें।

इसी तरह, किसी भी प्रकार के वार्निश का उपयोग करते समय ध्यान रखें। सभी वार्निश के काम को बाहर करें। यह नेल पॉलिश रिमूवर का उपयोग करने के समय भी लागू है। एक बोतल में, नेल पॉलिश रिमूवर हानिरहित है, लेकिन जब खोला जाता है तो इसका धुआँ एक सप्ताह से अधिक समय तक बन्द स्थानों में रहता है। नेल पॉलिश रिमूवर का उपयोग निकासी पंखा चला कर, या बाहर अपनी बालकनी में या एक बाथरूम में उपयोग करें। किसी भी चू रहे वार्निश की बोतलों को फ़ेंक दें। चाहे आप इसे किसी अलमारी के निचले हिस्से में भी दबा दें इसकी गैस को एक रास्ता मिल ही जाता है हवा को प्रदूषित करने के लिए।

जब फ़र्नीचर की बात आती है, तो उस लकड़ी के बारे में दो बार सोचें जिसे आप ख़रीद रहे हैं। कण बोर्ड से बने और इंजीनियर करे हुए लकड़ी वी ओ सी के उच्चतम उत्सर्जक हैं। ये केवल एक सतह बनाने के लिए एक साथ संकुचित करे हुए कण हैं। अगला है प्लाईवुड। प्राकृतिक लकड़ी वी ओ सी के

पैमाने पर सबसे कम हैं, जिसमें सागौन सबसे अच्छा है। सागौन जितना पुराना होगा, उतना ही बेहतर होगा। अगली बार जब आप फ़र्नीचर के लिए ख़रीदारी कर रहे हों, तो उन डीलरों को खोजने की कोशिश करें जो पुरानी सागौन की लकड़ी बेचते हैं। न केवल वे बहुत कम विषांक विकसित करते हैं, वे अधिक टिकाऊ और सुन्दर भी होते हैं।

पी एम को घर के अन्दर भी पैदा किया जा सकता है। अगरबत्तियों और मोमबत्तियों से। अब हम सारी चीज़ें फेंक कर तपस्वियों की तरह रहने नहीं लग सकते। मैं ऐसा करने का सुझाव नहीं दे रहा हूँ। लेकिन आप कुछ सबसे हानिकारक कारकों को कम करने और ख़त्म करने के उपाय कर सकते हैं। इससे पहले कि आप घबराना शुरू करें, एक अच्छी ख़बर है। आप अपने घर में कुछ छोटे-छोटे बदलाव करके अन्दरूनी प्रदूषण पर अंकुश लगा सकते हैं। हमारे घरों की अच्छी तरह से सफ़ाई, उचित वेंटिलेशन रखना और प्लास्टिक से बचने जैसे सरल जीवन शैली में बदलाव करना, कुछ ऐसे क़दम हैं जिन्हें उठाया जा सकता है। अन्य क़दम मैं अगले अध्याय में चर्चा करूँगा।

यह बताने का एक सरल तरीक़ा कि कौन से पदार्थ सबसे ख़राब विषाक्त पदार्थों को छोड़ते हैं

अधिकांश मानव—निर्मित या, विशेष रूप से, कारखाने में निर्मित वस्तुएँ वी ओ सी के सबसे बड़े वाहन हैं। असबाब, सिंथेटिक निर्माण के सामग्री और घरों और कार्यालयों में सफ़ाई उत्पाद विभिन्न प्रकार के विषाक्त यौगिकों का उत्सर्जन करते हैं, जैसे फॉर्मेल्डिहाइड, जो एलर्जी, अस्थमा और सीने में दर्द का कारण बनता है। एक पदार्थ की गन्ध जितनी तेज़ होगी, वी ओ सी उतनी ही ख़राब होगी। यदि आपने कभी अपने कमरे में एक साधारण गत्ते का डब्बा रखा हो, तो आपको पता चल जायेगा कि मेरा क्या मतलब है। आप इसे एक प्रयोग के रूप में भी आज़मा सकते हैं। अपने कमरे में एक ख़ाली गत्ते का डब्बा रखें और कमरे को बन्द कर दें। बाद में एक घंटे बाद वापस आयें और आप पायेंगे कि आपके कमरे में बदबू आ रही है। यह अप्राकृतिक गन्ध वी ओ सी के जारी किये जाने का है।

पराग, बैक्टीरिया और फुई

जो लोग तट के किनारे या भारी वर्षा वाले क्षेत्रों में रहते हैं, वे अपने घरों की दीवारों का पेंट छीलते या उन पर बढ़ते हुए फुई को देखते हैं। फुई एक प्रदूषक है और श्वसन जटिलताओं का कारण बन सकता है। अन्दरूनी वायु प्रदूषण पराग और बैक्टीरिया द्वारा बढ़ जाता है। यह देखते हुए कि हम अपना 80 से 90 प्रतिशत समय घर के अन्दर बिताते हैं, वायु गुणवत्ता मायने रखती है। यह विशेष रूप से महत्त्वपूर्ण है कि हम अपने घरों में फुई वाले क्षेत्रों को अच्छी तरह से साफ़ करें।

पालतू जानवरों पर एक टिप्पणी

यह पालतू जानवरों के मालिकों को अच्छा नहीं लगेगा, लेकिन मैं आपसे तथ्यों को नहीं छुपा सकता। यदि आपके पास घर पर पालतू जानवर हैं, तो आपको अतिरिक्त देखभाल करनी होगी क्योंकि अधिकांश पालतू जानवर बाल, टिक और पिस्सू और डैंडर जैसे एलर्जी जारी करते हैं। इससे हवा और प्रदूषित हो सकती है। यदि आप एक पशु प्रेमी हैं, तो मैं आपको अपने पालतू जानवरों से छुटकारा पांने का सुझाव नहीं दे रहा हूँ। आप कुछ एहतियाती उपाय करके अपने और अपने पालतू जानवरों दोनों के लिए एक स्वच्छ अन्दरूनी वातावरण सुनिश्चित कर सकते हैं। अपने पालतू जानवरों के लिए भी अपने घर को साफ़ रखें। जानवरों में विदेशी कणों के प्रति संवेदनशीलता और भी बढ़ी हुई होती है।

जब पालतू जानवर लगातार प्रदूषित हवा के सम्पर्क में आते हैं, तो नाक और गले की बीमारियाँ, अस्थमा और ब्रोंकाइटिस की भी सम्भावना हो सकती है। अपने घर को हर दिन साफ़ और वैक्यूम करें। अपने पालतू जानवरों को नियमित स्नान करायें। उनके कूड़े के बक्से को एक हवादार बालकनी में रखें और उस क्षेत्र को बेदाग रूप से साफ़ रखें।

मुझे कैसे पता चलेगा कि मेरे घर की हवा ख़राब है?

यह जानने के लिए कि क्या अन्दर की हवा प्रदूषित है, आपको पी एम के स्तर की जाँच करने की आवश्यकता है। ऐसा करने के लिए, आपको एक विश्वसनीय वायु गुणवत्ता मॉनिटर की ज़रूरत है।

अन्दरूनी वायु गुणवत्ता (आई ए क्यू) के दृष्टिकोण से, आपके घर के अन्दर कार्बन डाइऑक्साइड का स्तर भी ख़राब हवा के लिए एक अच्छा संकेतक है। यदि कार्बन डाइऑक्साइड का स्तर घर के अन्दर उच्च है, तो यह अन्य प्रदूषकों के भी उच्च होने का संकेतक है। आपके घर में उच्च कार्बन डाइऑक्साइड के स्तर का एक और संकेतक यह है कि यदि आप नियमित रूप से तन्द्रा और सिरदर्द से पीड़ित रहते हैं, या किसी अन्य बाहरी तनाव के बिना भी कम गतिविधि के स्तर पर कार्य करते हैं। कई अच्छे, और अत्यधिक महँगे भी नहीं, मॉनिटर बाज़ार में उपलब्ध हैं। कुछ में ऐसी विशेषताएँ हैं जो समय के साथ रीडिंग दर्ज करेंगी या यहाँ तक कि एक हवा को शुद्ध करने वाले वेंटिलेशन का पंखा या सिस्टम को चालू कर देंगी यदि कार्बन डाइऑक्साइड का स्तर नियमित स्तर से ऊपर चढ़ता है। सबसे अच्छी वायु गुणवत्ता मॉनिटर हैं :

- **एयर वेदा** (19,000 रुपये): यह दोनों पी एम 2.5 और 10 और कार्बन डाइऑक्साइड को मापता है।
- **एयर विज़ुअल** (23,500 रुपये): यह दोनों पी एम 2.5 और 10 और कार्बन डाइऑक्साइड को मापता है। यह बाहरी हवा के पूर्वानुमान भी प्रदर्शित करता है।
- **K aiterra Laser Egg 2** (लगभग 10,000 रुपये): यह कार्बन डाइऑक्साइड को नहीं मापता है।

ताज़ी हवा का सीधा असर हमारे स्वास्थ्य और मस्तिष्क के कार्य पर पड़ता है। हमारी संज्ञानात्मक क्षमता में सुधार करने के लिए, पहली और सबसे महत्त्वपूर्ण आवश्यकता एक ठीक से काम करने वाली प्रणाली है। हमें फिट और स्वस्थ होना चाहिए।

और फिर, हमें अपने घरों और कार्यालयों को सभी विषाक्त पदार्थों से मुक्त करने की आवश्यकता है जो इष्टतम मस्तिष्क के कार्य को बाधित कर सकते हैं। औसत से कम अन्दरूनी वायु प्रदूषण और कम कार्बन डाइऑक्साइड के स्तर में अच्छी हवादार इमारतों में काम करने वाले श्रमिकों की बेहतर संज्ञानात्मक कार्य क्षमता होती है, नॉन ग्रीन कार्यालयों की तुलना में। और हमारे घरों के अन्दर, महत्त्वपूर्ण बात यह है कि, हमें अपने बेडरूम को शुद्ध करने की आवश्यकता है क्योंकि यही वह जगह है जहाँ हम अपना लगभग एक तिहाई जीवन बिताते हैं।

दिवाली के एक दिन बाद, यानी, शुक्रवार, 20 अक्टूबर 2017, दिल्ली में वर्ष का सबसे प्रदूषित दिन पर, पी बी सी ने कई गण्मान्य व्यक्तियों को आमंत्रित किया था- वी वी आई पी, राजदूत, आदि, पी बी सी, नयी दिल्ली, में पहाड़-ताज़ी हवा का अनुभव करने के लिए। दिवाली रोशनी का त्योहार है। यह हमारे देश भर में मनाया जाता है, और आमतौर पर आतिशबाजी के कारण वर्ष का सबसे प्रदूषित दिन है। सरकार द्वारा, पटाखे जलाने पर प्रतिबन्ध लगाने सहित विभिन्न क़दमों के बावजूद, दिवाली की रात के अगले दिन दिल्ली गैस चैम्बर बन गयी। पी एम 2.5 1500 मिलीग्राम प्रति क्यूबिक मीटर के स्तर पर आसमान छू गयी थी और सारी ओर धुन्ध था। इसने, सचमुच, दिल्ली के हर निवासी का दम तोड़ दिया।

तुलना के लिए

अमेरिकी दूतावास, चाणक्यपुरी, नयी दिल्ली, के एक हरे-भरे क्षेत्र में आई ए क्यू का अंक एक ही समय और दिन पर, उनकी वेबसाइट पर प्रकाशित, इस प्रकार है: ए क्यू आई सूचकांक = 1021

'ख़तरनाक' प्रमाणित 6 सितम्बर 2018 को पी बी सी, नयी दिल्ली में सुबह 11 बजे का टेस्ट

स्थान	पी एम् 10 (माइक्रो ग्राम$_3$)	पी एम् 2.5 (माइक्रो ग्राम$_3$)	पी एम् 1 (माइक्रो) ग्राम$_3$)	सीओ^2 पी पी एम्	टी वी ओ सी (माइक्रो ग्राम$_3$)	शोर (डी बी)	ओज़ोन (पी पी बी)
परिवेश (घर के बाहर)			6		43	30	
421			13		69		14
ग्रीनहाउस			3		2	1	
390			28		58		7
लैटिस			5		4		
392			35		59		7

छठी मंज़िल			3		2	1	
500			76		47		4
पाँचवी मंज़िल			2		1	1	
551			148		52		5
चौथी मंज़िल			2		1	1	
535			150		49		3
तीसरी मंज़िल			3		2	1	
540			197		54		5
दूसरी मंज़िल			3		2	1	
496			112		45		2
पहली मंज़िल			2		1	1	
520			151		52		6
भूतल			3		2	1	
517			218		64		4
कैफे			2		1	1	
512			165		60		3

20 अक्टूबर 2017 को पीबी सी, नयी दिल्ली में सुबह 11 बजे का टेस्ट

स्थान	पी एम् 10 (माइक्रो ग्राम$_3$)	पी एम् 2.5 (माइक्रो ग्राम$_3$)	पी एम् 1 (माइक्रो ग्राम$_3$)	सीओ^2 पी पी एम्	टी वी ओ सी (माइक्रो ग्राम$_3$)	ओज़ोन (पी पी बी)
परिवेश	498	419	380	424	55	5

ग्रीनहाउस	12	10	7	410	12	3
लैटिस	12	10	8	403	10	3
छठी मंज़िल	15	13	10	472	54	2
पाँचवी मंज़िल	12	9	6	408	105	2
चौथी मंज़िल	10	8	5	459	85	2
तीसरी मंज़िल	12	10	7	566	151	3
दूसरी मंज़िल	-	-	-	-	-	-
पहली मंज़िल	14	12	8	546	165	2
भूतल	7	5	3	557	251	3
कैफे	6	4	2	521	236	2

अपने घर में हवा शुद्ध करने के लिए चार क़दम

अस्वीकरण और सफ़ाई करना

जैसा कि हमने सीखा, घर पर वायु प्रदूषण के दो प्रमुख कारक हैं : बाहरी हवा जो प्रदूषकों के साथ अन्दर घुसते हैं और घर के अन्दर के प्रदूषक, जो इस प्रदूषित हवा में मिल जाते हैं। इस अध्याय में, हम देखेंगे कि हमारे घरों में प्रदूषण पैदा करने वाले तत्त्वों को कैसे साफ़ या प्रतिस्थापित किया जाये ताकि हम, अपनी क्षमता के अनुसार, इस समस्या को कम कर सकें।

इससे पहले कि आप आगे पढ़ें, मुझे आपको चेतावनी देनी होगी कि मेरी अधिकांश सलाह विचित्र, न करने योग्य और यहाँ तक कि सीधे अधिनायकवादी भी लग सकती है। न करने योग्य यह आपकी जीवन शैली के अनुरूप नहीं हो और इसे करना एक चुनौती की तरह लग सकता है। बेशक, अन्दरूनी वायु प्रदूषण का प्रबन्धन एक कठिन और जटिल काम तो है, लेकिन यह निश्चय ही करने योग्य है।

छब्बीस साल पहले, वायु प्रदूषण के साथ मेरे प्रयास के बाद से, मैंने ज्ञान और जागरूकता से ख़ुद को लैस किया और मेरे चारों ओर एक ऐसा वातावरण बनाने की कोशिश की जो अधिक साफ़ और कम प्रदूषित था। पी बी सी में, हम इमारत को प्रदूषण मुक्त रखने के लिए बहुत आगे बढ़ गये हैं, इस हद तक कि कर्मचारी हर दिन सभी फ़र्नीचर और कालीनों पर धूल की मात्रा को मापते हैं और साथ ही कार्बन डाइऑक्साइड, नाइट्रोजन ऑक्साइड, सल्फर ऑक्साइड और वी ओ सी जैसे विषांक के लिए हवा की जाँच करते हैं। चूँकि, ये ऐसी चीज़ें हैं जो साधारण तौर पर करना मुश्किल हो सकता है, इसलिए मैंने आपके लिए इन बुनियादी दिशानिर्देशों का पालन करने के लिए निर्धारित किया है।

अब मुझे मानना होगा कि मैंने जिन चीज़ों को सूचीबद्ध किया है, उनमें से कुछ आपको अति और अनुचित लग सकते हैं। स्वाभाविक है। लेकिन यह सबसे

आदर्श सूची है। फिर भी, अगर आपके पास हवा का शुद्ध समाधान नहीं है, तो इन सिफ़ारिशों का पालन करना विशेष रूप से महत्त्वपूर्ण है।यह आपको विषाक्त पदार्थों के स्तर को थोड़ा सा कम करने में मदद करेगा, लेकिन जितना आवश्यक हो उतना नहीं। मैं आपसे आग्रह करता हूँ कि आप जितना सम्भव हो सके उतना करें, और इससे भी महत्त्वपूर्ण बात यह है कि नीचे दी गयी सूची आपको उन सभी कारकों से अवगत कराएगी जो आपके घर को प्रदूषित करते हैं।

1. साफ़ और अधिक साफ़ करें

स्वच्छ भारत अभियान या स्वच्छ भारत पहल ने, मशहूर हस्तियों से लेकर आम आदमी तक, कई भारतीयों की कल्पना पर कब्ज़ा कर लिया, जिससे देश के कई हिस्सों में दिखाई देने वाले बदलाव हुए। लोगों की तस्वीरें, हाथ में झाड़ू लेकर सड़कों पर झाड़ू लगाते हुए या समुद्र तटों से कूड़े को उठाते हुए, आज समाचार-पत्रों और पत्रिकाओं में एक आम दृश्य है। लेकिन जैसे हमारे शहरों को साफ़ रखना महत्त्वपूर्ण है, वैसे ही घर पर भी ऐसा करना भी उतना ही महत्त्वपूर्ण है।

हमारे घरों में, हम जाने-अनजाने प्रदूषण को बढ़ाते हैं। हमारे घरों की सफ़ाई के लिए कमरों को सिर्फ़ पोंछा और डस्टिंग से बहुत अधिक की आवश्यकता होती है। हालाँकि, डस्टिंग महत्त्वपूर्ण है क्योंकि 40,000 धूल के कण धूल के प्रत्येक आउंस में रह सकते हैं!

यदि आप मुझसे मेरे घर पर मिलने आते हैं, तो मैं आग्रह करूँगा कि आप दरवाज़े पर अपने जूते उतार दें। मेरे घर में बहुत कम कालीन हैं, कुछ छोटे गलीचे को छोड़कर जो नियमित रूप से साफ़ किये जाते हैं। मेरे घर के कुछ नियम भी हैं जो पत्थर की लकीर की तरह हैं, जैसे कि मोमबत्तियाँ, अगरबत्ती, डिओडोरेंट और इत्र के उपयोग को सीमित रखना, खासकर बेडरूम के अन्दर।

एक साफ़ घर के लिए पहला क़दम है, इसे साफ़ करना और इस काम को अच्छी तरह से करना। हमारे रहने वाले स्थानों को नियमित रूप से साफ़ करना ज़रूरी है। डस्टिंग, झाड़ू-पोंछा और वैक्यूम हर रोज़ करना चाहिए। और अपने पर्दे और असबाब वाले फ़र्नीचर मत भूलिएगा। घर के उच्च यातायात वाले क्षेत्रों में अधिक बार सफ़ाई की आवश्यकता हो सकती है।

एक वैक्यूम क्लीनर में निवेश करना एक अच्छा विचार है। न केवल ये मशीनें सबसे ज़िद्दी धूल कणों को हटा सकती हैं, वे फ़र्नीचर के उन हिस्सों को भी साफ़ कर सकती हैं, जो झाड़ू या डस्टिंग के कपड़े के साथ पहुँचना मुश्किल हो सकता है।

एक ऐसा वैक्यूम क्लीनर का उपयोग करें जो एक उच्च दक्षता वाले पार्टिकुलेट अरेस्टर (एच ई पी ए) फ़िल्टर के साथ आता हो। ये बारीक फिल्टर पी एम के 99 प्रतिशत से अधिक पर कब्ज़ा करने में सक्षम हैं जो आकार में 0.3 माइक्रोन से कम है। जर्मन कम्पनी, 'कारचेर' द्वारा, हेपा फिल्टर के साथ बनाया गया, वैक्यूम क्लीनर एक अच्छा उदाहरण है।

2. अस्वीकरण, क्योंकि कम सामान का मतलब है कम प्रदूषण

जब अतिसूक्ष्मवाद की बात आती है, तो हमें जापानियों के जीवन के तरीक़े से सीखने की आवश्यकता है। वे हमेशा सुन्दरता में विश्वास करते हैं जो विरल और सरल है। उदाहरण के लिए, फूलों को सजाने की जापानी कला, इकेबाना, को लें। इसमें आमतौर पर एक बड़े फूलदान में कुछ फूल और टहनियाँ होती हैं। जापानियों से पूछें कि वे इतने कम फूलों का उपयोग क्यों करते हैं, और वे आपको बतायेंगे कि फूलों के बीच के रिक्त स्थानों की सुन्दरता है जो मायने रखती है। इस सौन्दर्य का सार एक अवधारणा है जिसे 'एम ए' (उच्चारण— 'माहा')—सभी चीज़ों के बीच शुद्ध और आवश्यक शून्य। एम ए सम्भावनाओं से भरा ख़ालीपन है, जैसे कि अभी तक पूरा ना किया गया वादा। उनके कमरे विरल होते हैं, आमतौर पर एक पूरे कमरे में केवल एक बोनसाई या मनी प्लांट के साथ। यह क्या करता है, तुरन्त एक फैलाव और विस्तार की भावना पैदा करता है। और, सबसे महत्त्वपूर्ण बात, यह शान्ति की भावना पैदा करता है। दूसरी ओर, भारत और अधिकांश पश्चिमी दुनिया विपरीत मार्ग अपनाते हैं। हम अपने जीवन को अधिक से अधिक चीज़ों से भरते हैं और इसलिए हमारे जीवन में अधिकतम तंगी होती है।

मैरी कोंडो, द लाइफ चेंजिंग मैजिक ऑफ़ टैडी इंग उपज, की लेखिका, लोगों को सलाह देती हैं कि वे केवल वही रखें जो उन्हें असली ख़ुशी देते हैं।

बल्कि, मैं तो आपसे आग्रह करती हूँ कि केवल वही रखें जो आवश्यक है क्योंकि हमारे घरों में सब कुछ प्रदूषण के स्तर को बढ़ाता है। आपके पास जितनी कम चीज़ें हैं, आपका वी ओ सी उतने ही कम होगा और आपके घरों में वी ओ सी जितना कम होगा, प्रदूषण उतना ही कम होगा और आपका स्वास्थ्य उतना ही बेहतर होगा।

हम अपने घरों में अपना जीवन कैसे बिताते हैं, यह एक व्यक्तिगत पसन्द है। हम में से कुछ को साफ़-सुथरा वातावरण पसन्द है—हम चीज़ों को उनकी अपनी-अपनी जगह पर रखना पसन्द करते हैं, हम अपने तौलिए को टाँग देते हैं जैसे ही हम अपने स्नान से निपट जाते हैं और अगर हम एक मेज़ या बुकशेल्फ पर धूल का एक कण भी देखते हैं, तो हम जल्दी से एक डस्टर पकड़ लेते हैं। और फिर ऐसे भी लोग हैं जो अराजकता में नियम पाते हैं। कुछ लोग आपको बतायेंगे कि उन्हें एक 'स्पिक एंड स्पैन हाउस' के बजाय ऐसा ही घर में अधिक घर जैसा महसूस होता है! यदि आपको दोनों में से चुनना पड़े, तो आप शायद सोचेंगे कि अच्छी तरह से व्यवस्थित घर अव्यवस्थित घरों की तुलना में कम प्रदूषित होंगे। लेकिन हमेशा ऐसा नहीं होता। एक साफ़ घर की एकमात्र कुंजी इसे यथासम्भव विरल रखना है। याद रखें, घर पर स्वच्छ हवा रखने का सबसे अच्छा तरीक़ा प्रदूषण स्रोतों से छुटकारा पाना है। यदि आपको अपने पूरे घर को अस्वीकरण करना मुश्किल लगता है, तो इसे केवल एक कमरे में करें—अपने बेडरूम में।

3. अपने बेडरूम को ऐसा रखें जैसे कि यह एक अस्पताल का कमरा हो

यह एक कमरा है जिसकी सफ़ाई पर आपको अपना सारा ध्यान केन्द्रित करना चाहिए क्योंकि औसतन एक दिन में हम अपने बेडरूम में छह से आठ घंटे बिताते हैं। यह वह जगह है जहाँ हम सोते हैं और अपने शरीर और दिमाग़ को रीसेट करते हैं। हमारे बेडरूम हमारे घरों का सबसे शुद्ध और सबसे साफ़ हिस्सा होना चाहिए। अपने बेडरूम को एक मन्दिर की तरह एक पवित्र स्थान की तरह सोचना शुरू करें। यहाँ तक कि एक अस्पताल की तरह भी।

अपने बेडरूम को केवल आवश्यक वस्तुओं के साथ, जितना सम्भव हो उतना विरल रखने की कोशिश करें। जापानियों से थोड़ी प्रेरणा लें और बिना किसी कालीन के, सामान को कम से कम रखें। न केवल यह प्रदूषकों के स्तर को कम करेगा, यह साबित हुआ है कि एक साफ़ कमरा मन की शान्ति देने और बेहतर सोचने और बेहतर नींद के लिए मदद करता है।

आपका सबसे अच्छा, या यदि आपके पास केवल एक है, तो एयर प्यूरीफायर, इस कमरे में होना चाहिए।

यहाँ अगरबत्ती या मोमबत्ती जलाने से बचें। यदि आपको अपनी नेल पॉलिश को हटाना है, तो यह बाहर करें, क्योंकि नेल पॉलिश रिमूवर उच्च वी ओ सी का उत्सर्जन करते हैं। और यदि करना ही हो तो, इत्र या डियोड्रेंट का उपयोग, बेडरूम से बाहर निकलकर करें।

यदि सम्भव हो तो पालतू जानवरों को इस कमरे से बाहर रखने की कोशिश करें। अपने बेडरूम को यथासम्भव सैनिटाइज करके रखें। याद रखें, यह आपकी जगह है, और आपका इस पर सौ प्रतिशत नियन्त्रण है। तो इसका उपयोग अपने हित में करें।

छह से आठ घंटे के लिए ताज़ी हवा में साँस लेने से आप दिन के काफ़ी हिस्से के लिए अपने फेफड़ों की रक्षा करते हैं, जिससे उन्हें प्रदूषकों से लड़ने के लिए अतिरिक्त लाभ मिलता है जब आप अन्ततः अपनी दिनचर्या शुरू करने के लिए बाहर निकलते हैं। क्या आप उस तरह का संरक्षण और उत्तोलन नहीं चाहते?

4. हमेशा अपने जूते बाहर उतारें

एक समय था जब हम अपने जूते दरवाज़े पर छोड़ते थे जब हम लोगों को उनके घर मिलने जाते थे। यह ज़्यादातर सम्मान देने के लिए किया जाता था, लेकिन इसलिए भी क्योंकि यह परम्परा बहुत ज्ञानपूर्वक थी। बाहर के जूते 'गन्दे' होते हैं, यह कहकर, हमारे दादा-दादी इस पर बहुत ज़ोर देते थे। और वे बिल्कुल सही थे।

आधुनिक समय में ऐसी परम्पराएँ लुप्त होती जा रही हैं। हमारे जूते सचमुच बाहरी दुनिया से हमारे घरों में गन्दगी लाते हैं। यदि आप कभी अपने जूते के

तलवों को माइक्रोस्कोप के नीचे रखते हैं, तो आप बैक्टीरिया की मात्रा पर काँप जायेंगे। आपके जूते बैक्टीरिया से भरे मल-मूत्र से लेकर ज़हरीले सीसा धूल और हानिकारक कीटनाशकों तक, सब कुछ उठा सकते हैं। जब आप वही जूते पहनकर घर में चारों ओर घूमते हैं, तो आप केवल अधिक रोगाणुओं और विषाक्त पदार्थों को फैलाने में मदद करते हैं, और जो कुछ पहले से अन्दर गन्ध था उसको और अधिक बढ़ा देते हैं। इसी कारण, विशेष रूप से भारतीय घरों में, अलग-अलग जूते, जैसे चप्पल होते हैं, जो हम केवल घर के अन्दर पहनते हैं। इसे ईमानदारी से करें और अभी से लागू करें।

5. किसी भी तरह का वार्निश, घर के बाहर इस्तेमाल करें

वार्निश या अल्कोहल या स्प्रिट के गन्ध के साथ कोई भी पदार्थ प्रदूषकों के उच्च स्तर का उत्सर्जन करता है जो कम-से-कम एक सप्ताह तक आपके घर के अन्दर रह सकता है। नेल पॉलिश या नेल पॉलिश रिमूवर का इस्तेमाल करते समय बाहर निकलें। या इसे बाथरूम में निकास पंखा चलाकर इस्तेमाल करें। सभी लकड़ी के फ़र्नीचर को बाहर वार्निश करवाएँ और गन्ध जाने के बाद ही इसे अन्दर लायें।

6. सामान्य क्लीनर के बदले इस्तेमाल करें-सिरका

अधिकांश सफ़ाई उत्पादों में रसायन होते हैं जो ख़राब अन्दरूनी वायु गुणवत्ता में योगदान करते हैं। अनुसन्धान ने सप्ताह में एक बार सफ़ाई उत्पादों के उपयोग को प्रगतिशील फेफड़ों की बीमारी के 24 से 32 प्रतिशत अधिक जोखिम के साथ जोड़ा है।

सौभाग्य से, बहुत सारे सुरक्षित और प्रभावी विकल्प हैं। साबुन और पानी या सिरका और खाने का सोडा सस्ती विकल्पों के रूप में काम कर सकते हैं। बोरेक्स, खाने का सोडा का एक रूप है जो व्हाइटनर के रूप में कार्य कर सकता है और आपकी डिटर्जेंट शक्ति को बढ़ावा दे सकता है। अपने कपड़े धोते समय एक चौथाई से लेकर एक प्याली तक, कपड़ों की मात्रा के अनुसार, इसे डालें।

सिरका एक हल्का तिज़ाब है और एक प्राकृतिक सफ़ाई का सामान है। अपने कपड़े धोते समय एक चौथाई से लेकर एक प्याली तक, कपड़ों की मात्रा के अनुसार, इसे डालें। आप इसे वॉशिंग मशीन में भी उपयोग कर सकते हैं। बोरेक्स और सिरका को एक साथ नहीं मिलायें, वे एक-दूसरे को बेअसर कर देंगे। सिरका भी आपकी रसोई और बाथरूम के लिए एक अच्छा सफ़ाई का सामान है और दर्पण और खिड़कियों की सफ़ाई के लिए बहुत अच्छा काम करता है।

तो अपने नियमित सफ़ाई का सामान और कीटाणुनाशक के बदले सिरका और खाने का सोडा इस्तेमाल करें। उससे अधिक सुरक्षित नहीं हो सकते हैं।

7. अपने कालीनों पर अधिक ध्यान दें

कालीन सभी प्रकार की अप्रिय चीज़ों को आश्रय दे सकती है जो अन्दरूनी वायु गुणवत्ता को प्रतिकूल रूप से प्रभावित कर सकती है। धूल के कण कालीनों और आसनों में पनपते हैं और जितने गन्दे आपके कालीन और आसन होंगे उतने ही पी एम, मोल्ड, धूल, पालतू पशुओं की रूसी, बाल आदि शामिल होने की अधिक सम्भावना होती है। आपके पालतू जानवरों को नियमित रूप से सम्वारने से बाल, जो आपके कालीनों में फँस जाते हैं, उनकी मात्रा कम हो जायेगी और घर पर हवा साफ़ रहेगी।

एक नया कालीन ख़रीदते समय, पीछे विनाइल वाले या वो जो फ़र्श पर चिपके हुए होते हैं। इस प्रकार के कालीन लगातार प्रदूषकों को विकसित करते हैं। जब इस तरह का एक नया कालीन स्थापित किया जाता है, तो यह बहुत ज़्यादा मुमकिन है कि यह रसायनों को रिहाई करेगा। रसायनों की इस रिहाई को ऑफ-गैसिंग कहा जाता है। जब आप एक वाहन खरीदते हैं, यह बहुत कुछ 'नयी कार गन्ध' की तरह होता है। यह गन्ध वी ओ सी है। ऑफ-गैसिंग के रसायन सिरदर्द, चक्कर आना, जी मिचलाना, साँस की तकलीफ़ (डिस्पनिया) और अस्थमा जैसी प्रतिक्रियाओं से जुड़े हुए हैं।

बच्चे, विशेष रूप से छोटे बच्चे, सबसे पहले इसका प्रभाव अनुभव करते हैं क्योंकि वे इन सतहों पर, चारों ओर, घुटनों के बल चलते हैं।

कालीनों का उत्सर्जन करने वाले विषाक्त पदार्थ आपके बच्चे की श्वसन प्रणाली को प्रभावित कर सकते हैं। ये रसायन एक नये कालीन स्थापित होने के पाँच साल बाद तक भी जारी करने में सक्षम होते हैं, लेकिन ऑफ-गैसिंग का अधिकांश हिस्सा पहले कुछ महीनों में होता है। यदि आपको इस तरह के कालीन स्थापित करने हैं, तो वेंटिलेशन के लिए खिड़कियों को खुला रखें, जब तक कि गन्ध कमज़ोर न हो जाये, जिससे कालीन ख़ुद ही रसायनों से मुक्त हो सके।

इसके बजाय, उन कालीनों का उपयोग करें जो मशीन-निर्मित के बजाय बुने हुए हों। इसके पीछे यह है कि जितना हो सके ज़्यादा प्लास्टिक और गोंद की कटौती हो सके। उन्हें नियमित रूप से साफ़ करें और सप्ताह में कम-से-कम एक बार वैक्यूम करें।

8. डिजिटल बनिये

आप में से अधिकांश लोग पहले से ही अपने फ़ोन पर अपनी ख़बर प्राप्त करते होंगे, और यह आपके घरों में प्रदूषकों के स्तर को कम करने का एक बढ़िया तरीक़ा है। समाचार-पत्रों को स्याही के साथ मुद्रित किया जाता है जो टोउलीन विकसित करते हैं, एक हानिकारक विष। और जैसा कि आप उन्हें ढेर करते रहते हैं, विषाक्त पदार्थों की मात्रा केवल बढ़ती जाती है।

काग़ज़ का इस्तेमाल ख़त्म करिये; आख़िर हम सब डिजिटल दुनिया के युग में हैं। और यदि आपको समाचार-पत्र ख़रीदना ही है, तो उन्हें बेचें और जितनी बार सम्भव हो सके रीसायकल करें। पालतू जानवर के आश्रयों को हमेशा समाचार-पत्रों की निरन्तर आवश्यकता होती है—अपने स्थानीय आश्रय में दान करें।

9. अगरबत्तियाँ पी एम 2.5 उत्सर्जित करती हैं; मोमबत्तियाँ भी उतनी ही बुरी होती हैं

3मिन.लाइफ नामक एक वायु गुणवत्ता जागरूकता समूह ने यह जाँचने के लिए एक प्रयोग किया कि अगरबत्तियाँ जहरीले थे या नहीं। उन्होंने अगरबत्ती के

पाँच लोकप्रिय ब्रांडों को चुना और उस क्षेत्र के आसपास हवा की गुणवत्ता की निगरानी की जहाँ उन्हें जलाया गया था। उनके निष्कर्षों से पता चला है कि पी एम 2.5 का स्तर पाँच से सात गुना बढ़ गया था। हर्बल अगरबत्ती भी ज़हरीली गैसों और पीएम 2.5 को छोड़ती हैं।

चूँकि प्रार्थना कक्ष अधिकांश भारतीय घरों का एक अभिन्न अंग हैं, इसलिए मेरा सुझाव है कि आप अपनी अगरबत्तियों को बाहर जलाएँ और उन्हें तुलसी के गमले में टिका दें। यदि आपको घर के अन्दर इनको जलाना है, तो अपने मन्दिर को एक खिड़की के पास ले जायें और अगरबत्ती जलाते समय, इसे खुला रखें।

मोमबत्तियाँ वी ओ सी उत्सर्जित करने के लिए भी दोषी हैं, विशेष रूप से सुगन्ध वाले जो हम में से बहुत से, घर के चारों ओर, उपयोग करना पसन्द करते हैं। याद रखें, दहन और धुआँ एक ही है। कोई धुआँ अच्छा नहीं होता।

10. ज़्यादातर सुगन्धित वस्तुएँ आपके लिए बुरी हैं

परफ्यूम, डियोड्रेंट और एयर फ्रेशनर एक ही श्रेणी में आते हैं। वे उच्च वी ओ सी उत्सर्जित करते हैं। मुझे पता है कि आप में से बहुत से परेशान हो रहे होंगे, आख़िर हम बदबूदार तो नहीं रहना चाहते। लेकिन प्रश्न यह है कि क्या अधिक महत्त्वपूर्ण है? स्वास्थ्य या सुन्दरता?

मैं आपको, सफ़ाई डिटर्जेंट से छुटकारा पाने के लिए कहकर, अपने प्रार्थना कक्ष को स्थानान्तरित करने के लिए कहकर, आपको अपने जीवन को जटिल बनाकर, आपको घर में इत्र का उपयोग न करने का आग्रह करके, इससे जो ख़ुशी मिलती है, वो छीनकर, किसी प्रकार का प्रदूषण नाद्ज़ी की तरह लग रहा हूँगा, लेकिन मैं ऐसा इसलिए कर रहा हूँ क्योंकि मैं चाहता हूँ कि आप इन अभ्यासों के लाभों को प्राप्त करें।

11. खुले पाउडर से बचें

किसी भी रूप में पाउडर, सफ़ाई के स्क्रब, टैल्कम या खुले चेहरे पर लगाने वाला पाउडर घर के अन्दर होना बहुत हानिकारक होता है क्योंकि वे इस्तेमाल

करने के बाद हवा में तैरते रहते हैं। कई पाउडर, अपने छोटे कण आकार के कारण, एलर्जी करते हैं, और श्वसन समस्याओं का कारण बन सकते हैं।

12. अपनी अलमारी में डालने से पहले ड्राई-क्लीन किये गये कपड़ों को हवा लगा

जैसा कि समझा जा सकता है, ड्राई क्लीनिंग में पानी का इस्तेमाल नहीं किया जाता। परम्परागत ड्राई क्लीनिंग में एक तरल विलायक का उपयोग किया जाता है, जिसे 'पर्क' (परकलोरोएथिलीन) कहा जाता है। यह एक अत्यधिक कुशल तरल पदार्थ है जो कपड़ों पर से सभी गन्दगी को पिघला देता है। लेकिन पर्यावरण संरक्षण एजेंसी (ई पी ए) स्थापित करती है कि पर्क एक गम्भीर वायु प्रदूषक है। लम्बे समय तक पर्क से सम्पर्क रखने से, केन्द्रीय तन्त्रिका तन्त्र को नुक़सान पहुँच सकता है, गुर्दे और यकृत को नुक़सान पहुँच सकता है, पुनरुत्पादक प्रणाली प्रभावित हो सकता है और यहाँ तक कि कैंसर का कारण भी बन सकता है।

यदि आपको अपने कपड़ों को ड्राई-क्लीन करना ही हो, तो जब आप उन्हें घर लाते हैं, उन्हें अपनी अलमारी में तुरन्त न लटकायें। यदि सम्भव हो तो उन्हें पूरे एक या दो दिन के लिए बाहर लटकायें। इससे भी बेहतर यह होगा, अगर आप देखें कि क्या आपके शहर में एक पर्यावरण के अनुकूल ड्राई क्लीनर है जो तरल कार्बन डाइऑक्साइड जैसी कुछ नयी ड्राई क्लीनिंग प्रौद्योगिकियों का उपयोग करता हो।

एक अच्छे एयर प्यूरीफायर में निवेश करें

जिस तरह से हम स्वच्छ पानी प्रदान करने के लिए पानी के फिल्टर पर निर्भर हो गये हैं, आज एयर प्यूरीफायर एक शहरी आवश्यकता है। पिछले एक साल में, अकेले ब्रीद ईज़ी ने 2200 से अधिक एयर प्यूरीफायर बेचे हैं।

लेकिन क्या एयर प्यूरीफायर ख़रीदने में कोई समझदारी है? आठ घंटे के लिए साफ़ हवा में साँस लेने और फिर बाहर जाने का क्या मतलब है, जहाँ मैं एक बार फिर अशुद्ध हवा में साँस ले रहा हूँगा ?

यह सवाल मुझसे लगभग हर दिन पूछा जाता है। मेरा जवाब हमेशा एक ही होता है।

क्या बेहतर है ऐसे व्यक्ति के लिए जो धूम्रपान न छोड़ सके—एक दिन में 2 सिगरेट फूँके या 10?

मुझे इस सवाल का जवाब देने की ज़रूरत नहीं है।

अपने फेफड़ों को आठ से दस घंटे, बहुत आवश्यक, स्वच्छ हवा देने से उन्हें मज़बूत और बेहतर तरीक़े से सुसज्जित किया जाता है ताकि वे वायु प्रदूषण के हमले को सहन कर सकें, जब आप बाहर क़दम रखते हैं। वास्तव में, मैं यह कहने के लिए एक और क़दम आगे बढ़ाऊँगा, कि हमारे जैसे विकासशील देश में, जहाँ विकास का प्रमुख महत्त्व है, जहाँ हर साल एक अरब लोगों की आकांक्षाओं को अधिक नौकरियों, बेहतर कारों और घरों के साथ पूरा किया जाना है, वायु प्रदूषण एक बुराई है जो जल्दी हटने वाली नहीं है और एयर प्यूरीफायर एक आवश्यकता बन जाती है।

तथ्य यह है, कि एक भारतीय मेट्रो में हर घर में एक एयर प्यूरीफायर होना चाहिए।

इस अध्याय में, मैं आपको यह बताने जा रहा हूँ कि एक एयर प्यूरीफायर कैसे काम करता है, कौन से सबसे अच्छे हैं और हमें सर्वोत्तम परिणाम प्राप्त करने के लिए, प्रभावी ढंग से उनका उपयोग कैसे करना चाहिए।

एयर प्यूरीफायर कैसे काम करता है

एक एयर प्यूरीफायर किसी भी उत्पाद, प्रौद्योगिकी या प्रणाली के लिए एक सामान्य शब्द है जो हवा से प्रदूषण को हटा देता है। एयर प्यूरीफायर को मोटे तौर पर दो श्रेणियों के तहत वर्गीकृत किया जा सकता है: निष्क्रिय निस्पन्दन वाले और सक्रिय निस्पन्दन वाले। निष्क्रिय निस्पन्दन प्रौद्योगिकी, एयर प्यूरीफायर में उपयोग की जाने वाली, सबसे पुरानी और सुरक्षित प्रौद्योगिकियों में से एक है। यह एक चाय की छलनी की तरह काम करता है। जैसे ही चाय की पत्तियाँ छलनी में फँस जाती हैं, एयर प्यूरीफायर में निष्क्रिय निस्पन्दन पार्टिकुलेट मैटर को फँसाता है और साफ़ हवा को अन्दर जाने देता हैं। अब अपनी चाय की छलनी को महीन निस्पन्दन के साथ कल्पना करें, इतना महीन, कि यह आकार में 0.3 माइक्रोन कणों को पकड़ सकें (जैसा कि पहले उल्लेख किया गया है, मानव का एक बाल व्यास में लगभग 70 माइक्रोन होता है)। अच्छे पार्टिकुलेट निस्पन्दन के साथ एयर प्यूरीफायर यह सुनिश्चित करते हैं कि कोई भी कण हवा में नहीं रहता जो प्यूरीफायर से जारी होता है।

निष्क्रिय निस्पन्दन वाले एक एयर प्यूरीफायर एक में एक सरल वास्तुकला होती है। इसमें एक फिल्टर और एक यान्त्रिक पंखा शामिल होता है जो फिल्टर में से हवा को घुसाता है, जो बदले में, शारीरिक रूप से कणों को रोकता है और साफ़ हवा को बाहर निकलने देता है। हालाँकि, ये एयर प्यूरीफायर अधिक महँगे हैं क्योंकि निस्पन्दन को नियमित रूप से बदलने की आवश्यकता होती है।

दूसरी ओर, *सक्रिय निस्पन्दन तकनीक*, वह है जो इन दिनों एयर प्यूरीफायर उपयोग करते हैं। इस तकनीक को 'सक्रिय' इसलिए कहा जाता है क्योंकि निष्क्रिय फिल्टर वाली मशीनों के विपरीत, जो केवल फिल्टर में प्रदूषकों को अवरुद्ध करते हैं और स्वच्छ हवा को पारित होने देते हैं, ये एयर प्यूरीफायर हवा में आवेशित आयन भेजते हैं, या हवा में प्रदूषकों की आणविक संरचना

को रासायनिक रूप से बदलते हैं। यानी कि, वे प्रकृति के साथ खेलते हैं और रासायनिक रूप से हवा में विषाक्त पदार्थों और गैसों को बदलते हैं, और इस प्रक्रिया में वे वही प्रदूषकों के उप-उत्पाद बनाते हैं जिन्हें वे हटा रहे होते हैं।

आज बाज़ार में अधिकांश कम लागत वाले एयर प्यूरीफायर सक्रिय निस्पन्दन के कुछ रूपों का उपयोग करते हैं, जिसमें एक बुनियादी कण फ़िल्टर और कोई गन्ध को हटाने के लिए एक सक्रिय कार्बन फ़िल्टर होता है। ये सस्ते होते हैं लेकिन उतने प्रभावी नहीं होते।

ये सक्रिय कार्बन फिल्टर कुछ ही गन्धों को अच्छी तरह से हटाने में सक्षम होते हैं लेकिन नाइट्रोजन डाइऑक्साइड (एन ओ 2), सल्फर डाइऑक्साइड (एस ओ 2), हाइड्रोजन सल्फाइड (एच 2 एस), फॉर्मेल्डिहाइड और अन्य वी ओ सी जैसी हानिकारक गैसों को हटाने में सक्षम नहीं हैं। फिर थोड़ी अधिक परिष्कृत प्रौद्योगिकियाँ हैं जिनमें कार्बन फिल्टर के अन्दर पोटेशियम परमैंगनेट जैसे रसायन शामिल हैं। पोटेशियम परमैंगनेट से ग्रस्त कार्बन गैसों को जल्दी से अवशोषित करने में मदद करता है जैसे सल्फर ऑक्साइड, ओजोन, नाइट्रोजन ऑक्साइड और कुछ वी ओ सी। तो, जो हवा आती है वह इन गैसों से मुक्त होती है।

पहली और सबसे महत्त्वपूर्ण बात जो हमें जानने की ज़रूरत है वह यह है कि आपके पास जो एयर प्यूरीफायर है, उसे केवल हानिकारक और गैसीय प्रदूषकों पर हमला करना चाहिए, न कि सूक्ष्मजीवविज्ञानी प्रदूषकों पर। सूक्ष्मजीवविज्ञानी प्रदूषकों को लक्षित करने वाले एयर प्यूरीफायर केवल अस्पतालों में प्रभावी और आवश्यक हैं। सूक्ष्मजीवविज्ञानी प्रदूषकों की एक छोटी मात्रा में साँस लेना ठीक है। सिर्फ़ इसलिए कि ये प्रदूषक टीके की तरह काम करते हैं। जब हमें वैक्सीन लगाई जाती है, तो इसमें बैक्टीरिया या वायरस का बहुत कमज़ोर वर्ग होता है। यह सुनिश्चित करने के लिए है कि यह हमें उस बीमारी के लिए प्रतिरक्षा बनाता है जिससे वह हमें बचाने की कोशिश कर रहा है। यह कुछ इस तरह है जैसे दुश्मन से युद्ध करने के लिए जाते समय वही गोला-बारूद के साथ जाना जो उनके भी पास हो और उनकी युद्ध रणनीति के बारे में पूर्व इंटेल होना!

यह सूक्ष्मजीवविज्ञानी प्रदूषकों के साथ भी ऐसा ही है। हमें उन्हें एक निश्चित मात्रा में साँस लेने की आवश्यकता है ताकि हमारा शरीर उनसे लड़

सके। यदि वे पूरी तरह से हटा दिये जाते हैं, अर्थात, हम पूरी तरह से बाँझ वातावरण में रहते हैं, तो हम अपनी रोग प्रतिरोधक शक्ति खो देते हैं। लेकिन इसका मतलब यह नहीं है कि हम इन प्रदूषकों से पूरी तरह से प्रतिरक्षक हैं। यदि सूक्ष्मजीवविज्ञानी प्रदूषकों का स्तर बढ़ता है, तो हमारा जोखिम बढ़ जाता है और हम बीमार हो जाते हैं। भारत आने वाले विदेशी अक्सर स्थानीय पानी पीने के बाद बीमार पड़ जाते हैं क्योंकि वे एक बाँझ वातावरण में रहते हैं और पानी, भोजन या हवा में सूक्ष्मजीवविज्ञानी पोल्यूटेंट के सम्पर्क में नहीं आते हैं। यह कुछ हद तक कैच -22 की स्थिति है। इन प्रदूषकों को हटाना अच्छा और बुरा दोनों ही है।

एयर प्यूरीफायर से सम्बन्धित अक्सर पूछे जाने वाले प्रश्न

एक एयर प्यूरीफायर जो अस्पताल के वातावरण के लिए उपयुक्त है, हो सकता है वह आपके घर के लिए आवश्यक नहीं हो। सिर्फ़ इसलिए कि एक अस्पताल में हवा आपके घर की हवा से अलग है। विभिन्न बन्द स्थानों में विभिन्न प्रकार के प्रदूषक होते हैं।

हमारे घरों में विभिन्न प्रकार के प्रदूषक हैं—जैसे पी एम, सल्फर डाइऑक्साइड, नाइट्रोजन डाइऑक्साइड, ओजोन और हाइड्रोजन सल्फाइड—जिन्हें हटाने की आवश्यकता है। इसलिए हमें असल में तलाश करनी चाहिए एक निष्क्रिय निस्पन्दन प्रौद्योगिकी के साथ वाला एयर प्यूरीफायर जो निस्पन्दन में इन कणों और विषाक्त गैसों को फँसा देगा और स्वच्छ हवा जारी करेगा। घर के एयर प्यूरीफायरों को माइक्रोबायोलॉजिकल प्रदूषकों को हटाने की ज़रूरत नहीं है क्योंकि इससे हमारी प्रतिरक्षा को नुक़सान पहुँचेगा। बैक्टीरिया के सम्पर्क में आने का एक निश्चित स्तर हमारे लिए अच्छा है, ख़ासकर क्योंकि हम भारत में रहते हैं। नीचे आमतौर पर, एयर प्यूरीफायर का सही उपयोग के बारे में पूछे जाने वाले कुछ प्रश्न दिये गये हैं।

एयर प्यूरीफायर ख़रीदते समय मुझे क्या देखना चाहिए?

एयर प्यूरीफायर में कई तत्त्व महत्त्वपूर्ण होते हैं। लेकिन पहली चीज़ जो देखना चाहिए वह हवा की मात्रा है जो मशीन में से स्वीकार्य गति से आती है। ज़्यादातर

ब्रांड उच्चतम गति सेटिंग के आधार पर क्लीन एयर डिलीवरी रेट (सी ए डी आर) का विज्ञापन करते हैं। लेकिन उस गति से वास्तव में बहुत शोर होता है। आदर्श पैरामीटर और बिन्दु होने चाहिए :

- **विभिन्न गति पर सी ए डी आर :** एक मध्यम गति पर, जहाँ शोर का स्तर स्वीकार्य है, यह प्रति घंटे कम-से-कम दो हवा के परिवर्तनों को प्रदान करने में सक्षम होना चाहिए—इसकी गणना कमरे की हवा की मात्रा को मापने और मध्यम पर सी ए डी आर द्वारा विभाजित करके की जा सकती है। जवाब 2 या अधिक होना चाहिए।
- **एच ई पी ये फ़िल्टर गुणवत्ता :** एक अच्छी गुणवत्ता एच ई पी ये फ़िल्टर—दुर्भाग्य से, इस शब्द को, गम्भीरता से नहीं उपयोग किया जाता। एक सच्चे एच ई पी ये फ़िल्टर एच12 या एच13 ग्रेड का होना चाहिए।
- **कार्बन फ़िल्टर :** एक अच्छी गुणवत्ता वाले व्यापक स्पेक्ट्रम कार्बन फिल्टर, कम से कम 500 ग्राम या उससे अधिक वज़न का।
- **शोर का स्तर :** 50 डी बी से नीचे मध्यम गति पर, स्वीकार्य होना चाहिए।
- **प्री-फ़िल्टर :** एक अच्छा धोने योग्य पूर्व-फ़िल्टर जो बड़े कणों को रोक सकता है।
- **फ़िल्टर परिवर्तन के लिए संकेतक :** कुछ ऐसा जो हवा की गुणवत्ता और उस गति को ध्यान में रखता है जिस पर मशीन चल रही है और न केवल मशीन के चलने के समय की मात्रा।
- **वायु गुणवत्ता संकेतक :** यह आवश्यक नहीं है। वास्तव में, एक मशीन पर एक सेंसर मशीन के पास हवा की रीडिंग देता है, जो कमरे के दूसरे छोर की तुलना में, हमेशा ज़्यादा साफ़ होता है और इसलिए झूठी सुरक्षा की भावना होती है। बेडरूम में एक सेंसर को बिस्तर के क़रीब रखा जाना चाहिए न कि मशीन पर। एक अलग सेंसर होना हमेशा उपयोगी होता है।

हमें कितने एयर प्यूरीफायर की आवश्यकता है?

आप और आपके परिवार वाले सबसे अधिक समय कहाँ बिताते हैं? क्या यह लिविंग रूम है, बेडरूम, या स्टडी है? एक बार जब आप अपनी आदतों पर

ध्यान देंगे, तो आपको एक पैटर्न मिलेगा। और आप आसानी से यह निर्धारित कर सकते हैं कि आप कौन से कमरे में सबसे अधिक रहते हैं।

बेडरूम पहली जगह है जहाँ आपको एयर प्यूरीफायर स्थापित करना चाहिए। इसके बाद, आप अपने रहने की जगह के सबसे अच्छे न्यायाधीश हैं।

यदि आप अकेले रहते हैं, तो शायद आप अपने बेडरूम में एक और अपने लिविंग रूम में एक चाहेंगे। यदि आप एक परिवार के साथ हैं, तो शायद आपको अपने बच्चे के बेडरूम में एक और की आवश्यकता होगी। आप अपने बजट के अनुसार जितने मर्ज़ी लगा सकते हैं।

एयर प्यूरीफायर को कितने समय तक चालू रखने की आवश्यकता है?

आमतौर पर, एक एयर प्यूरीफायर को, हवा साफ़ करने के लिए बीस से चालीस मिनट की आवश्यकता होती है। आप इसे तब तक चालू रख सकते हैं जब तक आप घर, कार्यालय या कार में हैं। यदि आप एक ऐसे परिवार में रहते हैं जहाँ हमेशा घर पर लोग होते हैं, तो आपको इसे पूरे दिन चलाना होगा। हालाँकि इसे चलाना व्यर्थ है जब कोई भी उस कमरे का उपयोग नहीं कर रहा हो जहाँ प्यूरीफायर रखा हो। इस तरह से आप सिर्फ़ बिजली बर्बाद कर रहे होंगे और फिल्टर का घुटन हो रहा होगा। आपको फ़िल्टर को और जल्दी बदलने की आवश्यकता होगी।

जब आप कार्यालय छोड़ रहे हों तो आप घर पर अपने एयर प्यूरीफायर को चालू करने के लिए एक ऐप का उपयोग कर सकते हैं जिसका आपके एयर प्यूरीफायर के साथ संगत हो। इस तरह जब आप घर में प्रवेश करेंगे तो वह घर साफ़ हो गया होगा।

क्या एयर प्यूरीफायर की गति में वृद्धि या कमी करने से इसकी कार्यक्षमता प्रभावित होती है?

प्रदूषकों को हटाने के सन्दर्भ में, नहीं। कितना हटाता है, इस सन्दर्भ में, हाँ। आपके एयर प्यूरीफायर की गति जितनी अधिक होगी, उतनी ही अधिक हवा

अन्दर लेगा और साफ़ करेगा, क्योंकि मशीन के अन्दर पंखे की गति यह तय करती है कि मशीन में प्रति मिनट कितने क्यूबिक फ़ीट हवा अन्दर जाती है या यह कितनी हवा को साफ़ करने में सक्षम है। इसलिए यदि आपको हवा को जल्दी से साफ़ करने की आवश्यकता है, तो इसे कुछ मिनटों के लिए तेज़ गति पर चालू करें और फिर इसे मध्यम या निम्न पर वापस रखें क्योंकि अधिकांश एयर प्यूरीफायर तेज़ गति पर काफ़ी शोर करते हैं।

क्या एयर प्यूरीफायर वाले कमरे को पूरी तरह से सील कर दिया जाना चाहिए ?

हाँ। जब आपका एयर प्यूरीफायर चल रहा है, तो यह आवश्यक है कि आप अपने दरवाज़े और खिड़कियों को बन्द रखें जैसे जब एयर कॉन्डिटोनर चल रहा होता है। आप 1 से 2 एम् एम् से अधिक के किसी भी झिर्री को अवरुद्ध करके 'अपने कमरे को सील' भी कर सकते हैं। इससे बड़े झिर्री का मतलब होगा कि प्रदूषित हवा कमरे में आ रही है। मैं अगले अध्याय में इस पर विस्तार से चर्चा करूँगा।

भारत में सबसे अच्छे एयर प्यूरीफायर कौन से हैं?

भारत में, बाज़ार में, आज कल एयर प्यूरीफायर भरे हुए हैं, जो काफ़ी जनता की ज़रूरत को पूरा करते हैं। वे 11,000 रुपये से लेकर एक लाख रुपये तक या उससे भी अधिक हैं। दुर्भाग्य से, जब एयर प्यूरीफायर की बात आती है, तो सबसे अच्छे, सबसे महँगे भी होते हैं। हमारे हिसाब से पाँच सबसे सर्वश्रेष्ठ हैं :

1. आई क्यू एयर हेल्थ प्रो 250 और हेल्थ प्रो 150 : ये स्विस-निर्मित मशीनें, इस उद्योग में, सबसे श्रेष्ठ हैं। हेल्थ प्रो 250 दुनिया में सबसे ज़्यादा बिकने वाला मॉडल है। आई क्यू एयर का भी अमेरिकन लंग एसोसिएशन के साथ एक शैक्षिक भागीदार है।

इन मशीनों में उपयोग किये जाने वाले फ़िल्टर किसी भी अन्य मौजूदा एयर प्यूरीफायर से कहीं बेहतर हैं, फिल्टर की गहराई/आकार, बाज़ार में

अधिकांश अन्य एयर प्यूरीफायर की तुलना में, दस गुणा अधिक है। आई क्यू एयर मशीनें आकार में 0.003 एम् एम् के सबसे छोटे कणों को हटाने में भी सक्षम हैं।

क़ीमत : इनकी क़ीमत 95,000 रुपये से 1,20,000 रुपये के बीच है। भले ही वे महँगी मशीनें हैं, 'ब्रीद ईज़ी' में हमारे शोध से पता चलता है कि वे हवा शुद्ध करने वाली सबसे अच्छी सेवाएँ प्रदान करती हैं, जो एक मशीन प्रदान कर सकती है, और हमारा मानना है कि इनसे हमारा पूरा पैसा वसूल होता है।

2. ऑस्टिन एयर हेल्थमेट प्लस और ऑस्टिन एयर एलर्जी मशीन : अमेरिका में निर्मित ऑस्टिन एयर उत्कृष्ट गुणवत्ता वाले फिल्टर के साथ एक शक्तिशाली एयर प्यूरीफायर है जो हवा से गैसों और गन्धों को हटाने के लिए सक्रिय कार्बन के साथ आता है। यह उन लोगों के लिए एक बहुत बढ़िया उत्पाद है जो अस्थमा, कमज़ोर फेफड़ों और एलर्जी से पीड़ित हैं।

क़ीमत : इनकी क़ीमत 80,000 रुपये से 1,00,000 रुपये के बीच है।

3. शार्प एफ यू-ए 80 ई-डब्ल्यू : यह उन लोगों के लिए एक बहुत बढ़िया बजट विकल्प है जो एयर प्यूरीफायर इस्तेमाल करना शुरू करना चाहते हैं और बहुत अधिक ख़र्च करने के लिए तैयार नहीं हैं। ये जापानी, किफायती मशीनें पी एम 2.5 को हटाने का काफ़ी उचित काम करती हैं, लेकिन अत्यधिक बारीक कणों के साथ प्रभावी नहीं हैं।

क़ीमत : इनकी क़ीमत 20,000 रुपये से 35,000 रुपये के बीच हैं।

4. स्मार्ट एयर : शिकागो बूथ स्कूल ऑफ़ बिज़नेस के थॉमस तल्हेम के दिमाग़ की उपज, स्मार्ट एयर एक अपने-आप निर्माण करने (डी आई वाई) वाला प्यूरीफायर है। स्मार्ट एयर सबसे सरल लेकिन सबसे प्रभावी तकनीक का उपयोग करता है। यह एक बुनियादी जुगाड़ है—एक उच्च दक्षता का कण गिरफ़्तार वाला एच ई पी ए फिल्टर 'वेल्क्रोएड' के साथ, एक मेज़ पर रखा जाने वाला पंखा। मानो या न मानो, यह वास्तव में कुछ पी एम और गैसीय प्रदूषकों को गिरफ़्तार करता है और हवा में कोई रसायन का उत्सर्जन नहीं करता है! हवा चारों ओर रिसाव करती है, लेकिन इस क़ीमत पर, यह न होने से बेहतर है।

क़ीमत : अगर आपका बजट ज़्यादा नहीं है और आप घर पर साफ़ हवा चाहते हैं, तो यह स्मार्ट एयर प्यूरीफायर 3500 रुपये जितने कम दाम में आपका हो सकता है।

एयर प्यूरीफायर के कुछ भारतीय ब्रांड फॉर्मेल्डिहाइड को एक उप-उत्पाद के रूप में उत्सर्जित करते हैं जो हमारे लिए अच्छा नहीं है। लगभग सभी ओजोन का उत्सर्जन करते हैं।

एक ओज़ोनाइजर, नकारात्मक आयोनाइज़र, यूवी प्रकाश, फोटोकैटलिटिक ऑक्सीकरण, स्थिरवैद्युत अवक्षेपण, या 'सक्रिय निस्पन्दन' प्रौद्योगिकी के किसी भी प्रकार के साथ किसी भी मशीन में ओजोन या अन्य हानिकारक उप-उत्पादों का उत्सर्जन करने की क्षमता होती है। दावा किया जा सकता है कि डब्ल्यू एच ओ द्वारा निर्धारित मानक के अनुसार ओजोन की मात्रा बेहद सुरक्षित है। लेकिन, अधिकांश निर्माता और विपणक आपको समझने या बताने के लिए भूल जाते हैं कि हमारे पास पहले से ही, भारत के अधिकांश हिस्सों में हमारी हवा में ओजोन का उच्च स्तर है। और पहले से ही उच्च स्तर पर जब आप ओजोन की एक छोटी-सी भी मात्रा जोड़ते हैं, तो यह समस्या को बढ़ाता है, घटाता नहीं है। इसलिए, कोई भी मशीन जो सम्भवतः ओजोन या किसी भी उप-उत्पाद का उत्सर्जन कर सकती है, उससे बचा जाना चाहिए।

एयर प्यूरीफायर के बारे में बुरी ख़बर

जैसे आर ओ वॉटर फिल्टर के सन्देहवादी आपको बतायेंगे कि यह तकनीक सही नहीं है, एयर प्यूरीफायर, विशेष रूप से जो सक्रिय कण निस्पन्दन का उपयोग करते हैं, आपके फेफड़ों के लिए अच्छे नहीं होते हैं। बाज़ार में उपलब्ध अधिकांश एयर प्यूरीफायर ओजोन को उप-उत्पाद के रूप में विकसित करते हैं। निष्क्रिय निस्पन्दन प्रौद्योगिकी के साथ एयर प्यूरीफायरों के अलावा, लगभग सब में या तो एक ओज़ोनाइज़र है, जो सीधे ओजोन जारी करता है, या एक आयनाइज़र, जो एक इलेक्ट्रिक चार्ज उत्पादन करता है; हवा में जिसके आवेश का परिणाम ओजोन होता है। इन मशीनों पर अमेरिका और कई अन्य देशों में प्रतिबन्ध है, लेकिन यहाँ भारत में नहीं। यहाँ, ढीले नियमों के कारण, निर्माता छूट

जाते हैं। वे ऐसा इस तरह करते हैं, यह सुनिश्चित करके कि उनकी मशीनों द्वारा उत्सर्जित ओजोन स्वीकृत मानक से केवल एक अंक कम है, जो कि है 70 पी पी बी, ई पी ए के अनुसार और 100 माइक्रोग्राम प्रति घन मीटर के हवा में, सी पी सी बी के अनुसार।

भारत में ओजोन का परिवेशी स्तर, पहले से ही, अधिक है, इसलिए हवा में अधिक ओजोन छोड़कर हम समस्या को बढ़ा रहे हैं।

दूसरी समस्या जो हवा को शुद्ध करने का प्रौद्योगिकी हल नहीं कर पायी है वो है कि हवा में से कार्बन डाइऑक्साइड को हटाना। एकमात्र उपलब्ध तकनीक जो है वो पनडुब्बियों में उपयोग किया जाता है। पानी के नीचे के जहाज़ों से कार्बन डाइऑक्साइड को पम्प करने के लिए। लेकिन इस विज्ञान का एयर प्यूरीफायर में शामिल होना एक दूर का सपना है, क्योंकि यह अत्यन्त महँगा होता है। कार्बन डाइऑक्साइड को कम करने का एकमात्र अन्य तरीक़ा है बहुत सारे पौधों को लगाना या बाहर से हवा को अन्दर लाना ताकि घर के अन्दर कार्बन डाइऑक्साइड के उच्च स्तर को कम किया जा सके। हम आने वाले पृष्ठों में इस पर विस्तार से चर्चा करेंगे।

एक सावधानी : एयर कंडीशनर जो 'एयर प्यूरीफायर' के रूप में विपणन किया जा रहा है। यह एक धोखा है। इस तरह के एयर कंडीशनर में उपयोग किये जाने वाले फिल्टर केवल बड़े, मोटे धूल को फँसा सकते हैं, न कि महीन कण पदार्थ।

हालाँकि एयर कंडीशनर और एयर प्यूरीफायर अग्रानुक्रम में काम कर सकते हैं, यह याद रखना महत्त्वपूर्ण है कि वे दो अलग-अलग यन्त्र हैं। एक कमरे को ठंडा करता है, जबकि दूसरा हवा को साफ़ करता है। आज, जो हवा हम साँस लेते हैं उस हवा को साफ़ करने का एक तकनीक है, और इसलिए इसका उपयोग न करने के लिए कोई वजह नहीं है। विज्ञान और अनुसन्धान और विकास ने हमें अपने फेफड़ों की रक्षा करने का मौक़ा दिया है। उस अवसर का फ़ायदा उठायें और अपने जीवन में कई और साल जोड़ें।

सील बन्द और परिसंचरित करना

एक बार जब आप एक अच्छा एयर प्यूरीफायर ख़रीद लेते हैं और इसे स्थापित कर लेते हैं, तो यह सुनिश्चित करने के लिए कि आप इसे प्रभावी ढंग से उपयोग कर रहे हैं, दो महत्त्वपूर्ण पहलू हैं। ये हैं अपने घर को सील और वेंटिलेट कर लेना। यह सरल लगता है, लेकिन जितना अधिक आप इसके बारे में सोचेंगे, आपको अहसास होगा कि यह एक मुर्गी और अंडे जैसी समस्या है।

यदि आप प्राकृतिक तत्त्वों के लिए अपना घर खोलते हैं, तो आप ख़राब हवा अन्दर लायेंगे, लेकिन यदि आप इसे पूरे दिन बन्द रखते हैं, तो आप अधिक ख़राब हवा विकसित करेंगे। क्यों? क्योंकि अधिकांश एयर प्यूरीफायर हवा में से कार्बन डाइऑक्साइड नहीं हटाते और जब तक हम कमरे में हैं, तब तक ये स्तर ऊपर जाते रहेंगे क्योंकि हम इसे हर समय श्वास की क्रिया के दौरान बाहर छोड़ते रहते हैं। तो कुछ समय बाद, आपको ताज़ी हवा के लिए अपनी खिड़कियाँ खोलनी होंगी।

कई वर्षों तक, मैं इस पहेली के साथ संघर्ष करता रहा। मैंने एयर प्यूरीफायर इस्तेमाल किया जिसने पी एम 2.5 के लिए हवा को साफ़ किया, लेकिन कार्बन डाइऑक्साइड का स्तर, और परिणामस्वरूप वी ओ सी, अभी भी बहुत अधिक थे। फिर कुछ साल पहले, स्विट्जरलैंड में आई क्यू एयर के कार्यालय में (एक परिवार द्वारा संचालित पचपन वर्ष पुरानी कम्पनी जो दुनिया के सर्वश्रेष्ठ एयर प्यूरीफायर बनाती और बेचती है), मैंने अचानक उनके एयर प्यूरीफायर से जुड़ा हुआ एक अंश पाया। इस अंश के साथ, एयर प्यूरीफायर ने थोड़ा अलग तरीक़े से काम किया। से मशीन ने थोड़ी सी बाहरी हवा अन्दर लाये, बाहरी प्रदूषकों को छाना और कमरे को 'ताज़ा' और साफ़ हवा से भर

दिया। साधारणतः एयर प्यूरीफायर में बाहरी हवा नहीं होती। वास्तव में, बाहर की हवा को घर में प्रवेश करने से रोकने की कोशिश की जाती है। इस सरल लेकिन प्रभावी यन्त्र से उत्साहित, मैं इसे प्रयोग करने के लिए घर ले आया। मैंने अपनी दीवार में पाँच इंच का छेद ड्रिल किया, छेद में यन्त्र के कुछ हिस्सों को फिट किया और इसे एक वाहिनी के साथ आई क्यू एयर प्यूरीफायर से जोड़ा। अब मेरे एयर प्यूरीफायर में बाहर की हवा की निरन्तर आपूर्ति आ रही थी। कहने की ज़रूरत नहीं है कि, मैंने अपने दरवाज़े और खिड़कियों को पूरी तरह से सील कर दिया था। मैंने अगले एक सप्ताह के क़रीब, हवा की गुणवत्ता की निगरानी की और यह देखकर ख़ुश हुआ कि न केवल यह पी एम 2.5 से निपटता था, बल्कि कार्बन डाइऑक्साइड का स्तर भी 500-600 पी पी एम तक गिर गया था। अनुशंसित स्तर 800 पी पी एम से नीचे होता है। मैं ताज़ी हवा में साँस लेने लगा। आज, दो साल हो गये हैं जब से मैंने आख़िरी बार घर पर अपनी खिड़कियाँ खोली थीं! मुझे डर था कि मशीन पर फिल्टर बहुत जल्दी चोक हो जायेगा और फिल्टर की अपेक्षाकृत उच्च लागत (अन्य मशीनों की तुलना में) को देखते हुए, यह एक निरर्थक अभ्यास होगा। अधिकांश एयर प्यूरीफायर धूल और प्रदूषकों की अधिक मात्रा को सम्भालने में सक्षम नहीं होंगे जो सीधे फिल्टर में जायेंगे, बाहर की ओर जुड़े हुए एक पाइप से हो कर।

लेकिन आई क्यू एयर फ़िल्टर वास्तव में बेहतरीन थे। न केवल इन्होंने मुझे सही हवा दी, बल्कि फ़िल्टर पूरे एक साल चल गये और फिर भी, केवल कम से कम महंगे दो फिल्टर बदलने की ज़रूरत पड़ी क्योंकि अधिक महँगा हाइपर एच ई पी ए फिल्टर दो साल के लिए चल गया। यह सबसे सही हवा के शुद्धि के समाधान का परिदृश्य है। लेकिन ऐसा हर कोई नहीं कर सकता। यदि आपके पास एक नियमित एयर प्यूरीफायर है, तो याद रखें कि यह केवल उस हवा को शुद्ध कर रहा है जो कमरे में परिसंचारी है। हाँ, यह पी एम और कुछ गन्ध और शायद कुछ गैसों को साफ़ कर रहा है, लेकिन यह कार्बन डाइऑक्साइड और वी ओ सी को कम नहीं कर रहा है। इसका मतलब है कि दिन के किसी न किसी समय पर आपको अपने घर को हवादार करना होगा।

हमें अपने घरों को परिसंचरित क्यों बनाना चाहिए

यदि आप पारम्परिक भारतीय घरों को देखते हैं, तो हमारे बुज़ुर्ग जिन घरों में रहते थे या जो छोटे शहरों में पाये जाते हैं, जैसे कि पहाड़ी इलाक़ों में कॉटेज, कोंकण क्षेत्र में घर, राजस्थान भर में हवेलियाँ, आप शायद तुरन्त उनकी सुन्दरता से प्रभावित होते होंगे। लेकिन एक क़रीबी निरीक्षण से पता चलेगा कि ये घर पूरी तरह से अपने पर्यावरण के अनुरूप बनाये गये हैं। एक हिल स्टेशन के कॉटेज में एक ढलान वाली छत और बारिश के मौसम के दौरान जल निकासी के लिए एक पाइप होगा। सर्दियों के महीनों में घर को गर्म रखने के लिए इसमें लकड़ी की फ़र्श भी होगी। केरल में एक पारम्परिक घर में, घर को ठंडा रखने और सूरज की रोशनी की मात्रा, अर्थात्, क्रूर गर्मियों के महीनों के दौरान, गर्मी को सीमित रखने के लिए, खिड़कियों के बाहर शटर और मोज़ेक फ़र्श होंगे।

सभी पारम्परिक घरों में एक आम बात है, कई दरवाज़े और खिड़कियाँ, और इसके अलावा, खिड़कियों के ऊपर ऊँचे रोशनदान। इन घरों में कई उद्घाटन होने से यह सुनिश्चित होता था कि हवा का निरन्तर परिसंचरण रहता था, घर को ठंडा और ताज़ा रखने के लिए।

आज, जिन इमारतों में हम रहते और काम करते हैं, वे बहुत अलग हैं। सबसे आम संरचना काँच व स्टील की हैं। आधुनिक वास्तुकला ने उपयोगिता के लिए सुन्दरता और फैलाव को नकार दिया है, जिसके गम्भीर परिणाम हुए हैं। न केवल यह संरचनाएँ आँखों को भद्दे लगती हैं, वे शाब्दिक ग्रीनहाउस हैं जो गर्मी और विषाक्त पदार्थ, दोनों को फँसाते हैं। एक काँच की इमारत एक अच्छा दृश्य प्रदान कर सकती है, लेकिन आवश्यकता से अधिक गर्मी देती है, जिससे इसके निवासियों को हमेशा एयर कंडीशनिंग पर निर्भर रहने के लिए मजबूर रहना पड़ता है, जिससे ऊर्जा की खपत बढ़ जाती है। इन बन्द इमारतों का दूसरा ख़तरनाक परिणाम हवा के परिसंचरण की कमी है।

सबसे पहले, आइए समझते हैं कि हमें अपनी इमारतों को परिसंचरित करने की आवश्यकता क्यों है।

इसके बारे में सोचें कि जब आप एक सप्ताह के लिए एक अलमारी में एक नम आलू रखते हैं तो क्या होता है? सम्भावनतः आपको उस पर एक नीले

हरे रंग की फफूँदी की एक घृणित परत मिलेगी। यह फफूँदी एक सूक्ष्म जीव है जो किसी भी चीज़ पर बढ़ सकता है, विशेष रूप से नम, ख़राब रोशनी और बन्द स्थानों में। फफूँदी और फुई अस्थमा के हमलों को भड़का सकते हैं और इमारत में एक अप्रिय गन्ध फैला सकते हैं। परिचांतारिता न केवल आवश्यक है ताकि हवा प्रसारित हो सके, बल्कि फुई, धूल, फफूँदी और कवक से अपने घर को मुक्त रख सकें।

बन्द स्थानों में जितना अधिक फफूँदी होगी, विषाक्तता का स्तर उतना ही अधिक होता है। क्योंकि ये स्टैंड-अलोन तत्त्व नहीं हैं। अन्दरूनी हवा प्रदूषित बाहरी हवा, वी ओ सी, कार्बन डाइऑक्साइड, जिसे हम तब छोड़ते हैं जब हम साँस लेते हैं, कवक, फफूँदी, फुई और धूल का एक मिश्रण है।

डस्टिंग और पोंछा पर्याप्त नहीं होगा। वैक्यूम क्लीनर के उपयोग करने से आधी समस्या का समाधान हो जाता है; यही कारण है कि मैं एच ई पी ए फिल्टर के साथ वैक्यूम क्लीनर का उपयोग करने की आवश्यकता पर फिर से ज़ोर देता हूँ। लेकिन फफूँदी अलमारी और नम बाथरूम के नुक्कड़ की तरह, अबाधित स्थानों में पनपता है। केवल एक चीज़ जो फफूँदी को हिला सकती है वह हवा है, इसलिए यह महत्त्वपूर्ण है कि हम प्रदूषकों के स्तर को कम करने के लिए अपने घर को परिचांतारित करें।

घरों को अच्छे एयरफ्लो की आवश्यकता होती है और घर को प्रदूषण से मुक्त रखने के लिए आर-पार परिचांतारिता महत्त्वपूर्ण है। यहाँ सही परिचांतारिता के लिए कुछ नियम और दिशानिर्देश दिये गये हैं:

1. अपनी खिड़कियाँ और दरवाज़े बन्द रखें एयर प्यूरीफायर का उपयोग करते समय।
2. अपने सभी खिड़कियों और दरवाज़ों को खोलें : दोपहर में, 1 से 3 बजे के बीच दिल्ली, ग्वालियर या कानपुर जैसे अत्यधिक प्रदूषित शहरों में, परिचांतारिता करने का सही समय है—जब प्रदूषण और विशेष रूप से पी एम 2.5 अपने सबसे निचले स्तर पर होता है क्योंकि दोपहर में सबसे ज़्यादा गर्मी होती है। गर्म दोपहर की हवा ऊपर उठती है अपने साथ निलंबित कणों को लेकर (अपने भौतिकी सबक को याद करें—गर्म हवा

ऊपर उठती है और ठंडी हवा बैठ जाती है)। जब आप अपने घर को परिचांतारित करते हैं तो आप अपने एयर प्यूरीफायर को बन्द कर सकते हैं। हर रोज़, कम-से-कम तीस मिनट के लिए अपनी खिड़कियाँ खोलने से आपके घर की अन्दरूनी हवा की गुणवत्ता में सुधार हो सकता है।

3. इसी तरह, कभी भी अपने घर को परिचांतारित न करें : सुबह या शाम को, क्योंकि तब पी एम 2.5 का स्तर बढ़ता है। यदि हम चोटी के यातायात के दौरान परिचांतारित करते हैं, तो हम अपने घरों में अधिक 'ख़राब हवा' घुसाते हैं, जिससे घर के भीतर पहले से ही फँसी बासी हवा में वृद्धि होती है। सुबह के समय परिचांतारिता से बचें, ख़ासकर सर्दियों में, क्योंकि हवा ठंडी होती है और प्रदूषण ज़मीन के क़रीब रहता है।
4. यदि आप 200 मीटर की दूरी पर समुद्र या नदी के पास रहते हैं : आप भाग्यशाली हैं। जल निकायों पर बहने वाली तेज़ हवाएँ स्वस्थ वायु परिसंचरण सुनिश्चित करती हैं। अपनी खिड़कियों को जितना सम्भव हो उतना खुला रखें। समुद्र के क़रीब रहने और खिड़कियों को खुला रखने का एकमात्र नकारात्मक पक्ष है उच्च आर्द्रता और नमक का स्तर, जिसका अर्थ है फफूँदी और कनक प्रचूरण। यह पेंट खा सकते हैं।
5. सबसे अच्छा वायु परिसंचरण प्रणाली है : आर-पार परिसंचरण। यदि आपका एक दरवाज़ा या एक खिड़की आमने-सामने स्थित है, तो उन दोनों को खुला रखें। अपने घर में आमने-सामने की खिड़कियाँ खोलने से प्रभावी रूप से आर पार परिसंचरण हो जायेगा। यह महत्त्वपूर्ण है कि हम कम-से-कम अपने बेडरूम में इस अभ्यास का पालन करें जहाँ हम, दैनिक, कम-से-कम सात से आठ घंटे तो बिताते ही हैं। और फिर, दोपहर में केवल कुछ घंटों के लिए आर-पार परिसंचरण करें और सुनिश्चित करें कि यह करते समय एयर प्यूरीफायर बन्द हो।
6. क्या कोई ऐसी स्थिति होती है जब परिसंचरण की आवश्यकता नहीं होती? हाँ, यदि आपके पास मेरी तरह एक एयर प्यूरीफायर तकनीक है, जो बाहरी हवा लाकर और फिर इसे साफ़ करती है, तब आपको कभी भी अपनी खिड़कियाँ नहीं खोलनी पड़ेंगी। दुर्भाग्य से, दिल्ली जैसी जगह में

यही सबसे अच्छा विकल्प है क्योंकि खिड़कियाँ खोलने का मतलब है कई प्रदूषकों और समस्याओं को आमन्त्रित करना।

वातानुकूलित स्थानों को परिसंचरण करने पर एक

जैसे-जैसे हर साल तापमान बढ़ता है, वैसे-वैसे एयर कंडीशनर पर हमारी निर्भरता भी बढ़ती है। मैं आपको उनका उपयोग बन्द करने के लिए नहीं कह रहा हूँ क्योंकि, स्पष्ट रूप से, यह बहुत असुविधाजनक होगा। लेकिन मैं चाहता हूँ कि आप इसके बारे में सोचें कि एयर कंडीशनर क्या करते हैं।

अपने एयर कंडीशनर को पूरे दिन चलाने का मतलब है कि बासी हवा का निरन्तर पुनसंचरण। अन्दरूनी प्रदूषक और कार्बन डाइऑक्साइड कमरे के अन्दर फँसे रहते हैं। कार्यालयों में, सम्मेलन कक्ष में, आमतौर पर कार्बन डाइऑक्साइड के स्तर में अचानक बढ़ोतरी होती है। क्योंकि एयर प्यूरीफायर कार्बन डाइऑक्साइड नहीं हटा सकते, सिरदर्द और एस बी एस के अन्य लक्षण प्रकट होते हैं। वातानुकूलित कमरों को परिसंचरित करना अतिरिक्त कार्बन डाइऑक्साइड को बाहर निकलना सुनिश्चित करता है।

सील बन्द करना

जिस किसी इमारत (कार्यालय या घर) में 'ज़बरदस्ती का परिसंचरण प्रणाली' हो वो अच्छी तरह से सील होना चाहिए ताकि इमारत में एक सकारात्मक दबाव पैदा हो सके। सकारात्मक दबाव को गुब्बारे के उदाहरण के साथ समझाया जा सकता है। जब हम एक गुब्बारे में हवा भरते हैं, तो गुब्बारे के अन्दर हवा का दबाव बाहर की तुलना में अधिक हो जाता है। अगर हम गुब्बारे को भरने के बाद उसका मुँह खुला छोड़ दें तो अन्दर से हवा बाहर निकल जाती है।

इसी तरह, एक 'ज़बरदस्ती का परिसंचरण प्रणाली' में, इमारत में जब हवा को प्रवेश कराया जाता है वह अतिरिक्त हवा बाहर निकलने का रास्ता ढूँन्ढ़कर बाहर निकल ही जाती है (यहाँ तक कि छोटे से छोटे दरार से भी)। जब हवा निकल रही होती है, तो कोई भी बाहरी हवा अन्दर नहीं आ सकती। इसलिए, यदि इमारत में हवा साफ़ है और सकारात्मक दबाव के कारण थोड़ी मात्रा में

रिसाव होता रहता है, तो कोई भी गन्दी हवा अन्दर नहीं आ सकती है और अन्दर की हवा सही बनी रहती है।

जब तक घर या इमारत को 100 प्रतिशत सील किये गये स्थान के रूप में डिजाइन नहीं किया जाता, तब तक हवा को बाहर निकलने का रास्ता मिल ही जाता है। यदि कोई ज़बरदस्ती की परिसंचरण प्रणाली नहीं है, तो हर रोज़ कम-से-कम तीस मिनट के लिए प्राकृतिक परिसंचरण घर में आवश्यक है। हालाँकि, बाक़ी समय, हमें अपने घरों को बाहर के वायु प्रदूषण से सील बन्द रखना चाहिए।

सीलिंग का मतलब है हमारे घरों में हवा के लिए प्रवेश करने और बाहर निकलने के लिए सारे मार्ग बन्द कर देना और यह अन्दर के वायु प्रदूषण के स्तर के प्रबन्धन के लिए महत्त्वपूर्ण है।

एयर प्यूरीफायर का उपयोग करते समय हमारे घरों को सील बन्द करना महत्त्वपूर्ण है, ख़ासकर यदि दरवाज़ों के नीचे या खिड़कियों के चारों ओर बड़े अन्तराल है। ये अन्तराल प्रदूषकों से भरी बाहरी हवा के हमारे घरों में प्रवेश करने के लिए एक स्पष्ट मार्ग प्रदान करते हैं, और एक एयर प्यूरीफायर होने के उद्देश्य को नकारते हैं। यह सुनिश्चित करना महत्त्वपूर्ण है कि अन्दर की ओर बाहरी हवा का ज़्यादा आदान-प्रदान न हो, क्योंकि यह शुद्धिकरण तन्त्र के मक़सद को हरा देता है।

यहाँ कुछ नियम और दिशानिर्देश दिये गये हैं कि अपने कमरों को सही ढंग से कैसे सील बन्द किया जाये :

1. **अपनी खिड़कियाँ और दरवाज़े हमेशा बन्द रखें :** एयर प्यूरीफायर का उपयोग करते समय।
2. **जिसमें आपका एयर प्यूरीफायर है, उस कमरे के दरवाज़ों की जाँच करें :** दरवाज़ों के नीचे और खिड़कियों के पास के अन्तराल के लिए। 1 से 2 एम एम से बड़ा अन्तराल बाहर से ख़राब हवा को आपके घर में घुसा देगा, जिससे आपके प्यूरीफायर को ज़्यादा कड़ी मेहनत करनी पड़ेगी। इन अन्तरालों को ढूँढ़ कर जितनी जल्दी हो सके बन्द करें।

3. **बेडरूम के दरवाज़े के नीचे एक रबर के ब्रश प्रणाली को स्थापित करें :** ताकि एयर प्यूरीफायर का इस्तेमाल करते समय यह पूरी तरह सील बन्द रहें। चूँकि आपका बेडरूम एक ऐसी जगह है जिस पर आपको अपना ध्यान केन्द्रित करना चाहिए, इसलिए मैं इस कमरे में सभी बड़े संरचनात्मक परिवर्तन करने की सलाह दूँगा।
4. **अपनी पुरानी खिड़कियों को बदलें और यू पी वी सी वाले लगाएँ:** क्योंकि ये हवा को घर में प्रवेश करने से रोकते हैं। पुरानी खिड़कियाँ, जो ठीक से अपने कब्ज़ों पर लगे नहीं हैं, हवा के शुद्धिकरण के लिए बेकार हैं क्योंकि वे बाहरी हवा को लगातार घुसने देते हैं। यदि आपकी खिड़कियों को बदलना सम्भव नहीं है, तो चारों तरफ़ सील करने के लिए टेप का उपयोग करें।
5. **बार-बार कमरे से अन्दर बाहर न करें :** क्योंकि इससे घर के बाक़ी हिस्सों से अशुद्ध हवा कमरे में घुसकर शुद्ध हवा से मिल जायेगी अगर आपके घर के बाक़ी हिस्सों में शुद्ध हवा के समाधान स्थापित हों।
6. **ऐसा न करें :** मोमबत्तियाँ जलाना और एक सील बन्द कमरे में इत्र, पाउडर, स्प्रे या वार्निश का उपयोग करना।

अन्दरूनी पौधे जो हमें ताज़ी हवा देते हैं

भले ही हमने प्रौद्योगिकी में बहुत प्रगति की है, फिर भी हम पौधों के गुप्त जीवन को समझने और समझने की प्रक्रिया में हैं। हमारे लिए प्रकृति की असीम शक्ति और उदारता को महत्त्व देना मुश्किल है क्योंकि हम में से अधिकांश एक सीमेंट के जंगल में रहते हैं। मैं भी, प्रकृति के आश्चर्यजनक लाभकारी गुणों के बारे में भूल गया था जब तक कि मेरी बीमारी के कारण मैं बेबस नहीं था।

आज, मैं एक पर्यावरणविद् हूँ, प्रकृति के सबसे मज़बूत चौकीदारों में से एक हूँ, क्योंकि मुझे इससे ख़ुद को लाभ हुआ है। यह कहना सही है कि मैं प्रकृति के कारण जीवित हूँ।

क्या आप जानते हैं कि अगर हमें ऑक्सीजन बनाना पड़े, तो इसे बनाने में हमें 38 ट्रिलियन अमेरिकी डॉलर का ख़र्चा करना होगा? पौधे इसे मुफ़्त में करते हैं। वे मानव जाति से बहुत पहले से हैं और उनके बिना, पृथ्वी पर, किसी भी रूप में, जीवन सम्भव नहीं होता। हमें, एक बुद्धिमान प्रजाति होते हुए, इसे पहचानना चाहिए।

जब सही ढंग से उगाया जाता है, तो कई पौधे ताज़ी हवा प्रदान करते हैं और गैस-युक्त अशुद्ध हवा को भी साफ़ करते हैं। वायु प्रदूषण के समाधान के लिए मेरी खोज ने इसका नेतृत्व किया कि कुछ अन्दरूनी हरे पौधे हमारे स्वास्थ्य, कल्याण, उत्पादकता और संज्ञानात्मक क्षमता में सुधार करते हैं। और सबसे महत्त्वपूर्ण बात, वे ताज़ी हवा की आपूर्ति प्रदान करते हैं और अशुद्ध हवा को साफ़ करते हैं।

मैंने तीन सामान्य घरेलू पौधों को चुना क्योंकि न केवल वे सर्वोच्च, एक साथ कई कार्यों को करने की क्षमता रखते हैं, वे बहुत आसानी से पाये जाते हैं।

ये तीन अद्‌भुत पौधे हैं अरेका पाम, सास की जीभ और मनी प्लांट। कोई भी इन सस्ते, टिकाऊ पौधों को विकसित कर सकता है, जिन्हें मारना लगभग असम्भव है। वे हफ़्तों तक, बिना देखरेख के, जीवित रह जाते हैं और इसलिए बागवानी नौसिखियों या जो डरते हैं कि उनके पास एक काला अँगूठा है, उनके लिए सही पौधे हैं।

घरेलू पौधे हवा को कैसे साफ़ करते हैं?

पौधे के फिजियोलॉजिस्ट पहले से ही जानते थे कि पौधे कार्बन डाइऑक्साइड को अवशोषित करते हैं और प्रकाश संश्लेषण प्रक्रिया के दौरान ऑक्सीजन जारी करते हैं। अब शोधकर्ताओं ने पाया है कि कई आम घरेलू पौधे बेंजीन, फॉर्मेल्डिहाइड और ट्राइक्लोरोएथिलीन जैसे विषाक्त पदार्थों को अवशोषित करते हैं।

कुछ घरेलू पौधे हवा से फॉर्मेल्डिहाइड को हटाने में बेहतर होते हैं, जबकि कुछ बेंजीन पर बेहतर काम करते हैं; तम्बाकू के धुएँ की बात होती है तो कोई भी बहुत मदद नहीं करता है। लेकिन हमारे ज्ञान में पर्याप्त पौधे हैं जो हमारे द्वारा साँस लेने वाली हवा से प्रदूषकों को हटाने का अच्छा काम करते हैं। इसलिए हमें यह शुरू करने की आवश्यकता है कि हम घरेलू पौधों को अपने घरों के लिए, केवल एक सौन्दर्य तत्त्व के रूप में न देखें।

घरेलू पौधे अपनी पत्तियों और जड़ों के माध्यम से हानिकारक गैसों को अवशोषित करके हवा से प्रदूषकों को हटा देते हैं। गमलों की मिट्टी में रहने वाले सूक्ष्मजीव भी वी ओ सी और अन्य प्रदूषकों को बेअसर करने में एक महत्त्वपूर्ण भूमिका निभाते हैं। नांसा हवा की गुणवत्ता में सुधार के लिए अपने घर के अन्दर पौधों का उपयोग करने की सलाह देते हैं। 14 पी बी सी में, हमारे पास पूरी इमारत में 15,000 से अधिक पौधे हैं। हमारे अध्ययनों से हमें पता चला है कि इससे आँखों में जलन की घटनाएँ 52 प्रतिशत, श्वसन सम्बन्धी समस्याओं में 34 प्रतिशत, सिरदर्द में 24 प्रतिशत, फेफड़ों की समस्याओं में 12 प्रतिशत और अस्थमा में 9 प्रतिशत की कमी आयी है।

वायु प्रदूषण के ख़िलाफ़ कुछ सबसे प्रभावी पौधे आसानी से उपलब्ध हैं, और उन्हें घर में चारों ओर रखने से, वे विषाक्त पदार्थों, जो हमारे घरों के अन्दर स्वतन्त्रता से घूमते हैं, उनके स्तर को नीचे ला सकते हैं।

परिशिष्ट के रूप में पौधे

जैसा कि पहले उल्लेख किया गया है, पी बी सी आज एक जीवित प्रयोगशाला है। हमारे पौधे हानिकारक विषाक्त पदार्थों की हवा को साफ़ करते हैं और हमें ऑक्सीजन भी देते हैं।

ज़्यादातर लोगों के पास इतने सारे पौधों को विकसित करने के लिए जगह नहीं होती। पौधों से ताज़ी हवा की आपूर्ति प्राप्त करने के लिए, आपको अपने घर में बहुत सारे पौधों की आवश्यकता होती है। और ज़्यादातर लोगों के लिए, जगह की कमी हमेशा एक बाधा होती है। इसलिए इतने सारे पौधों विकसित करना सम्भव नहीं है।

पौधों का उपयोग, अपने हवा की शुद्धि का समाधान के लिए एक परिशिष्ट के रूप में करें। जितने ज़्यादा हो सके लगाइये, जितने आपके रहने के स्थान पर, देखने में भी, उचित लगे। मैं आपको एक आदर्श परिदृश्य के लिए आवश्यक पौधों की संख्या दे रहा हूँ, लेकिन आप अपनी जगह के अनुकूल, मिश्रण और मैच करके, इन्हें लगायें। आपके बेडरूम में पौधों की एक छोटी संख्या भी फॉर्मेल्डिहाइड और कार्बन डाइऑक्साइड और अन्य गैसों से हवा को साफ़ कर सकती है। वे ऐसा ज़्यादा मात्रा में नहीं कर सकते, लेकिन हमें छोटे से छोटे समर्थन की भी आवश्यकता है।

पौधे हमारी मनोदशा को बेहतर बनाने में भी मदद करते हैं और हमारे रहने केस्थानों पर शान्ति की भावना लाते हैं। यदि आप बिल्कुल ही काले अँगूठे वाले हैं, तो अपने बेडरूम में दो या तीन सास पौधों के साथ शुरुआत करने का मैं सुझाव देता हूँ। ये 24X7 ऑक्सीजन की आपूर्ति करते हैं। इसके अलावा, यदि आप एक नौसिखिए हैं, तो अपने बेडरूम में धूप वाले क्षेत्र में पौधों को रखने के साथ शुरू करें।

1. मनी प्लांट (एपीप्रेम्नम औरियम)

यह आम घरेलू पौधा, जो पहली बार मध्य और दक्षिण अमेरिका में उत्पन्न हुआ था, हमारे पूरे देश में बहुतायत से उगता है। यह घरेलू पौधा एक नौसिखिए के लिए सबसे अच्छा पौधा है क्योंकि यह हमसे जितना लेता है उससे अधिक देता है। मनी प्लांट उगाना अति आसान है और बहुत कम देखभाल के साथ जीवित रह सकता है। पानी की बोतल या परलाइट में भी यह जीवित रह जाता है।

मनी प्लांट हवा से फॉर्मेल्डिहाइड और कार्बन मोनोऑक्साइड (सी ओ) को हटा देते हैं और सामान्य अन्दरूनी वायु गुणवत्ता को बढ़ाने में मदद करते हैं। वे आपकी संज्ञानात्मक क्षमता में सुधार करते हैं, जिससे आप ज़्यादा सुशील बन जाते हैं!

देख-रेख : आपको हर रोज़ उन्हें पानी देने की आवश्यकता नहीं है। मनी प्लांट पानी के बड़े घूँट लेते हैं। पहले मिट्टी को सूखने दें। जब आप इसे पानी दे रहे हों, तो सुनिश्चित करें यह भरपूर है—जब तक कि गमले के नीचे, जल निकासी छेद से, पानी नहीं निकलने लगे। पानी देने से पहले ऊपर की मिट्टी को सूखने दें। सर्दियों में इसे कम पानी दें। प्रकाश: उज्ज्वल से अर्ध-अँधेरे प्रकाश, लेकिन सीधे धुप में नहीं ।

मिट्टी : साधारण बगीचे की मिट्टी का उपयोग न करें क्योंकि इसमें अशुद्धियाँ होती हैं जो आपकी हवा को प्रदूषित करेंगी। पीट-मॉस के मिश्रण के साथ में पर्लाइट मिश्रण या रेत का उपयोग करें, जिससे मिट्टी हलकी और खिली-खिली हो जायेगी, जल निकासी के लिए एकदम सही। या फिर, उन्हें पानी में विकसित करें।

उर्वरक : यदि एक पॉटिंग मिश्रण में उगाया गया हो, तो वसन्त ऋतु और गर्मियों में, हर दो सप्ताह, में अपने मनी प्लांट को सन्तुलित तरल उर्वरक को पतला करके दें। एक सन्तुलित उर्वरक में आमतौर पर एन पी के 8: 8: 8 का पोषक तत्त्व अनुपात होता है। एन पी के का पूरा नाम नाइट्रोजन, फास्फोरस और पोटेशियम है। मनुष्यों की तरह, पौधों को भी सन्तुलित आहार की आवश्यकता होती है।

प्रति व्यक्ति को आवश्यकता की मात्रा : पानी में उगाये जाने पर चालीस से पचास तने, और मिट्टी में उगाये जाने पर, पाँच, आठ इंच के गमले।

इस पौधे को अपने जीवन में शामिल करने का सबसे अच्छा तरीक़ा : जब मैं आपको बताता हूँ कि मामूली मनी प्लांट आपके फेफड़ों का सबसे अच्छा दोस्त हो सकता है, तो मेरा विश्वास करें। अपने दोस्त या पड़ोसी से मनी प्लांट के कटिंग का एक गुच्छा प्राप्त करें (यह भारत में सबसे आसानी से उपलब्ध पौधा है; आपको यह हर जगह मिल जायेगा)। उन्हें विभाजित करें और उन्हें कुछ कांच की बोतलों में लगायें। हर सुबह बोतल या फूलदान में पानी बदलें जिसमें आपका मनी प्लांट हो। लेकिन इतना ही नहीं; जिसमें भी यह हो उसमें से निकालकर उसे नल के नीचे पानी से धोयें। इस तरह से आप पौधे द्वारा अवशोषित किये गये सभी प्रदूषकों को धो रहे हैं। जब यह ठीक से धोया जा चुका हो, तो इसे फिर से फूलदान या बोतल के अन्दर रखें। धुलने के बाद, पौधा अधिक विषाक्त पदार्थों को अवशोषित करने के लिए तैयार है, जिससे हवा आपके लिए कम प्रदूषित हो जाती है। कृपया ध्यान दें कि इस तरह उपयोग करने में कोई मिट्टी नहीं है और मनी प्लांट को केवल पानी में उगाया जायेगा—हाइड्रोपोनिक्स!

उन्हें कहाँ रखें : मनी प्लांट से भरे फूलदान के लिए सबसे अच्छी जगह आपके पलँग के बगल में है।

2. अरेका पाम (दिप्सिस लुटेसेंस)

प्यूर्टो रिको और वर्जिन आइलैंड्स में स्वाभाविक रूप से उगने वाले, अरेका पाम सुन्दर दीखते हैं और घरों को सुरक्षित रखने में मदद करते हैं। जैसे-जैसे वे बढ़ते हैं, ये पाम कार्बन डाइऑक्साइड को अवशोषित करके और ऑक्सीजन जारी करके एयर प्यूरीफायर की तरह काम करते हैं।

देख-रेख : ये पाम काफ़ी सूखा के आदी हैं लेकिन इनकी मिट्टी में पानी का बहाव अच्छा होना चाहिए। वे आंशिक सूर्य पसन्द करते हैं, जिसका अर्थ है कि वे घर के अन्दर के लिए एकदम सही हैं। वे काफ़ी ज़्यादा पानी पीते हैं, इसलिए उन्हें ख़ूब पानी दें।

प्रकाश : वे प्रत्यक्ष सूर्य को स्वीकार करेंगे; हालाँकि, वे इसकी अत्यधिक मात्रा को पसन्द नहीं करते हैं। वे अँधेरे के भी ख़िलाफ़ हैं। बहुत अँधेरे क्षेत्रों और लगातार सीधे सूरज की रोशनी से उन्हें बचाने की ज़रूरत है।

मिट्टी : मनी प्लांट के आवश्यकता जैसे ही।

उर्वरक : वसन्त ऋतु और गर्मियों में हर दो सप्ताह अपने पाम को एक सन्तुलित तरल उर्वरक के घोल को पतला करके दें (पहले उल्लेख किया गया है)।

प्रति व्यक्ति को अरेका पाम के आवश्यकता की मात्रा : चार, कन्धे तक ऊँचे पौधे।

उन्हें कहाँ रखें : अरेका पाम उज्ज्वल कमरों में अच्छी तरह पनपते हैं। उन्हें दरवाज़ों और खिड़कियों के बगल में रखें ताकि उनको प्राकृतिक रौशनी मिले लेकिन कठोर प्रकाश नहीं।

3. सास की जीभ या साँप का पौधा (संसेविएरिआ ट्रिफाशिआटा)

यह मज़बूत दक्षिण अफ्रीका का सुन्दर पौधा आपके घर में होना ज़रूरी है। नाम बिल्कुल अनुकूल है क्योंकि इस पौधे को मारना वास्तव में मुश्किल है। यह महीनों की उपेक्षा और कठोर परिस्थितियों से भी बच जाता है, जिससे यह नौसिखियों के लिए सही है।

ये पौधे नाइट्रोजन ऑक्साइड, जाइलीन, कार्बन मोनोऑक्साइड, बेंजीन और फॉर्मेल्डिहाइड जैसे हानिकारक विषाक्त पदार्थों को हवा से अवशोषित करते हैं। वे रात में ऑक्सीजन का उत्पादन करते हैं, यहाँ तक कि एक अँधेरे कमरे में भी, जिससे यह बेडरूम के लिए सही पौधा है। ये पौधे मछली खाने वालों के घरों में और चेन्नई और मुम्बई जैसे शहरों, जो समुद्र के किनारे हैं, उनमें भी विशेष रूप से उपयोगी हैं । वे ट्राइमेथिलामाइन, एक गैस जिसमें मछली की गन्ध होती है, उसको हटाते हैं।

देख-रेख : बढ़ते मौसम में मिट्टी को थोड़ा नम रखना महत्त्वपूर्ण है। सर्दियों में, मिट्टी को बहुत अधिक सूखने से रोकने के लिए पर्याप्त पानी सुनिश्चित करें।

प्रकाश : आदर्श रूप से, इन पौधों को उज्ज्वल, अप्रत्यक्ष प्रकाश की आवश्यकता होती है। उन्हें खिड़कियों या दरवाज़ों के क़रीब रखें।

मिट्टी : एक मिट्टी-मुक्त कैक्टस पॉटिंग मिश्रण जो मिट्टी में से पानी को अच्छी तरह से निकलने देता है, इन पौधों के लिए सबसे अच्छा रहता है।

उर्वरक : मार्च से अक्टूबर तक, अपने पौधों को मासिक रूप से उर्वरक दें।

प्रति व्यक्ति को सास की जीभ की आवश्यकता की मात्रा : छह पौधे।

उन्हें कहाँ रखें : ये पौधे आपके बेडरूम के लिए सबसे उपयुक्त हैं क्योंकि दिन-रात ऑक्सीजन का उत्पादन करने की उनकी विशेष क्षमता है।

बोनस पौधा

4. बाँस या रीड पाम

बाँस का पाम पूरे देश में आसानी से उपलब्ध है और ख़राब हवा को गिरफ़्तार करने के लिए घर के चारों ओर सबसे बढ़िया रहते हैं। जब वे खुले में होते हैं तो वे सबसे अच्छे से पनपते हैं, इसलिए यदि आपके घर के सामने एक बड़ी छत या लॉन है, तो यह आपके बाँस के लिए एकदम सही घर होगा।

उन्हें घर के अन्दर भी रखा जा सकता है, ख़ासकर इसलिए कि बाँस फ़र्नीचर से गैसिंग को कम करने में माहिर हैं। वे फॉर्मेल्डिहाइड को हटा देते हैं और आपके घर में और उसके आसपास एक प्राकृतिक ह्यूमिडिफायर और एक प्राकृतिक एयर प्यूरीफायर के रूप में कार्य करते हैं।

देखरेख : बाँस का पाम उज्ज्वल, अप्रत्यक्ष प्रकाश में और नम रहना पसन्द करते हैं, लेकिन बहुत ज़्यादा भी नहीं। अथवा, इन पौधों को पानी में भी उगाया जा सकता है।

प्रकाश : वे लगभग किसी भी प्रकार के प्रकाश में पनपते हैं, सीधे सूर्य के प्रकाश को छोड़कर, जो उन्हें पीला करना शुरू कर देते हैं।

मिट्टी : बाँस का पाम को पानी में उगाया जा सकता है। एक स्वस्थ पौधे के लिए, और मच्छर प्रजनन से बचने के लिए, सप्ताह में एक बार पानी बदलें। यदि मिट्टी में उगाया जाता है, तो इसे मामूली रूप से नम रखा जाना चाहिए।

उर्वरक : उगने के लिए मिट्टी या उर्वरक की आवश्यकता नहीं है।

प्रति व्यक्ति को बाँस का पाम की आवश्यकता : कन्धे तक के ऊँचे, चार पौधे।

बगीचों के लिए सबसे अच्छा पेड़ : पवित्र अंजीर या पीपल का पेड़ (फाइकस रेलिजिओसा) भले ही यह एक घरेलू पौधा नहीं है, पीपल के पेड़ को कई संस्कृतियों में पवित्र माना जाता है। यदि आप एक नया बगीचा लगा रहे हैं, तो इस चमत्कारिक पेड़ को ज़रूर शामिल करें।

सही मिट्टी : उर्वरक के बाद, मिट्टी, बागवानी और बागवानीविदों के बीच सबसे गर्म बहस का विषय है। ठीक ही है। टेरोंइर, जो मिट्टी, जलवायु और स्थलाकृति की एक संरचना है, अधिकांश पौधों के लिए एक गुप्त तत्त्व है। यही कारण है कि भारत के आम, दुनिया में, सबसे रसीले हैं, बोर्डो के अंगूर बेहतरीन शराब का उत्पादन करते हैं और इटली के टमाटर सबसे अच्छी चटनी। मिट्टी एक पौधे की विशेषताओं को निर्धारित करती है। यह इसे व्यक्तित्व देती है। और भले ही हर पौधे की अपनी टेरोयर आवश्यकताएँ होती हैं, लेकिन पूरी तरह से स्वस्थ पौधों को विकसित करने के लिए, मिट्टी के लिए, एक सूत्र है।

मिट्टी को पोषक तत्त्वों से भरपूर होना चाहिए ताकि यह पौधे को खुराक दे सकें, अच्छी जल निकासी प्रदान करने और जड़ों को डूबने से बचने के लिए, पूरी तरह से पके हुए चावल की तरह, खिला-खिला, और खरपतवार और हवा की सरंध्रता से मुक्त होनी चाहिए। अधिकांश पौधे इस क़िस्म को पसन्द करते हैं। दूसरी ओर, रेगिस्तानी पौधे ढीली, रेत जैसी मिट्टी को पसन्द करते हैं क्योंकि उनकी जड़ें पानी के भंडारण के लिए बनाई होती हैं। एक नौसिखिए के लिए, सही मिट्टी की स्थिरता सुनिश्चित करना, काफ़ी कठिन काम है। हमें बगीचे की मामूली मिट्टी का भी उपयोग नहीं करना चाहिए क्योंकि यह कवक और बैक्टीरिया के साथ हवा को संक्रमित करता है। कुछ लोगों के लिए यदि हाइड्रोपोनिक्स जटिल है, तो उनके लिए एक मिट्टी-मुक्त पॉटिंग मिश्रण सबसे अच्छा है।

अन्दरूनी पौधों के लिए एकदम सही पॉटिंग मिश्रण परलाइट, वर्मीकम्पोस्ट और कोको पीट की एक संरचना है।

पेरलाइट एक प्रकार का झरझरा ज्वालामुखीय काँच है, जो पोषक तत्त्वों से भरपूर होता है, जिसे उपयोग करने से पहले इलाज किया जाता है। इसमें अच्छी जल निकासी होती है और यह पौधों के लिए एक प्राकृतिक फिल्टर के रूप में भी कार्य करती है, पौधों को पनपने के लिए पोषक तत्त्वों को जारी करते समय अतिरिक्त पानी को सोख लेती है। इसका उपयोग पौधों के उर्वरकों और पॉटिंग मिट्टी में संयोजन के रूप में भी किया जाता है। पेरलाइट हाइड्रोपोनिक्स में भी बहुत अच्छी तरह से काम करती है।

वर्मीकम्पोस्ट एक पोषक तत्त्व युक्त जैविक उर्वरक है जो केंचुए का उपयोग करके सब्ज़ी अपशिष्ट को खाद में परिवर्तन करने का परिणाम है।

कोको पीट, या कॉयर, नारियल फाइबर उद्योग का उप-उत्पाद है। यह बहुत झरझरा होता है और पौधों के लिए पानी की सही मात्रा बनाये रख सकता है।

इन अध्यायों में उल्लिखित पौधों में से कोई भी मनुष्यों या पालतू जानवरों के लिए विषाक्त नहीं है। तो आपको अपने घर में न लगाने का कोई कारण नहीं है। हमारे पौधों की देखभाल पर ख़र्च किये गये समय से, स्वास्थ्य और मानसिक लाभ, कई अधिक होता है। हम आपसे आग्रह करते हैं कि आप इन ख़ूबसूरत और चमत्कारी पौधों को अपने जीवन में शामिल करके अपने पर्यावरण और स्वास्थ्य पर नियन्त्रण रखें।

रक्षा करें और भाग लें

फेफड़ों के कार्य में सुधार के लिए आहार और व्यायाम

हम जो भोजन खाते हैं वह एंटीबायोटिक दवाओं और अन्य रसायनों से भरा होता है, हम जो पानी पीते हैं वह क्लोरीन से भरा होता है और अब हम जानते हैं कि हम जिस हवा में साँस ले रहे हैं वह भी ख़तरनाक है। हमारे शरीर को साफ़ हवा, भोजन और पानी को प्राप्त करने के लिए बनाया गया था, लेकिन यह हम कह सकते हैं की यह उस योजना के मुताबिक़ नहीं चला।

हमारी दुनिया और हमारा पर्यावरण इतनी जल्दी और इतना ज़्यादा बदल गया है कि हमें भी इसके साथ तालमेल रखने के लिए बदलने की ज़रूरत है। एक आदर्श दुनिया में, हमारा शरीर का हमारे चारों ओर की दुनिया के साथ पूरी तरह से सन्तुलन बना रहेगा, और प्रकृति के साथ मिलकर काम करेगा। ऐसी ही वो दुनिया थी जिसमें हमारे दादा-दादी रहते थे। दुर्भाग्यवश, जो दुनिया हमें विरासत में मिली है कम सही है। चूँकि हम प्रकृति के साथ लापरवाह रहे हैं, इसलिए अब संशोधन करने का समय है, न केवल पर्यावरण या ब्रह्मांड या हमारे घरों के लिए, बल्कि ख़ुद के लिए भी। विषाक्त पदार्थों, रसायनों और प्रदूषकों की यह दुनिया, और विडम्बना यह है, कि यह मानव निर्मित है, धीरे-धीरे हमें मार रही है। इसलिए हमारे स्वास्थ्य का ध्यान रखना दोगुना ज़रूरी है।

विषहरण, जैविक ताज़ा भोजन खाने और व्यायाम इन पर्यावरण विषाक्त पदार्थों के ख़िलाफ़ हमारे शरीर को मज़बूत करने के तरीक़े हैं। सौभाग्य से, प्रकृति हमेशा हमसे एक क़दम आगे रही है। उसके पास उन समस्याओं का इलाज है जो हमने ख़ुद के लिए बनाई हैं, और यह हमें बचा सकता है। हमें केवल उन

कई उपचारों और समाधानों तक पहुँचकर उन्हें अपनाने की आवश्यकता है। इस अध्याय में, मैं कई इलाज, उपचार और सुरक्षात्मक उपायों को रेखांकित करूँगा, जो हम अपने दैनिक जीवन में, ख़ुद को, वायु प्रदूषण के हानिकारक प्रभावों से बचाने के लिए, अपना सकते हैं।

सब्ज़ियाँ और फल जो प्रदूषण के नकारात्मक प्रभावों से लड़ने में मदद करते हैं

यह कहने की ज़रूरत नहीं है कि किरानों की ख़रीदारी सोच-समझकर करनी चाहिए। अपने भोजन को ध्यान से चुनें। एक सरल नियम जिसका मैं पालन करता हूँ। मैं ऐसा कुछ नहीं खाता जो पैकेट में आता है। यह सुनिश्चित होता है कि पैकेट के पदार्थ आमतौर पर ट्रांस-वसा से भरे होते हैं। घर पर, तलते समय तेल का पुन: उपयोग न करें, क्योंकि यह ट्रांस-वसा से भरा होता है। ट्रांस-वसा का सेवन हमारे अच्छे कोलेस्ट्रॉल के स्तर को कम करता है और हमारे बुरे कोलेस्ट्रॉल को बढ़ाता है।

मैं जैविक और मौसम का खाता हूँ। मैं एक सख़्त शाकाहारी आहार का पालन करता हूँ। नाश्ते में, मैं केले, हरे सेब और अनानास जैसे कई रंगों के फल खाता हूँ। मुझे विशेष रूप से बीज समेत अनार खाना पसन्द है।

चोकरयुक्त गेहूँ वाले टोस्ट के साथ अंकुरित, साबुत दालें, प्रीबायोटिक्स और प्रोबायोटिक्स भी लेता हूँ, और कभी-कभी जई दलिया का एक कटोरा। दोपहर के भोजन से पहले, मैं एक गिलास, चुकन्दर और गाजर का ताज़ा रस, पीता हूँ। मेरा दोपहर का भोजन आमतौर पर चावल, सब्ज़ी, दाल, रोटी और दही का एक साधारण भोजन है। दोपहर में, मैं एक कप चाय का पीता हूँ। मेरा रात का खाना हमेशा 7 बजे होता है, बिस्तर पर लेटने से तीन घंटा पहले, और इसमें, दोपहर के भोजन के जैसे, हल्के भोजन में, एक ताज़े सब्ज़ियों का सूप शामिल होता है।

जो मैंने सीखा है, वह यह है कि आहार संयन्त्र को बुनियादी, जैविक और सरल रखना चाहिए । कुछ खाद्य पदार्थ हैं जो एंटीऑक्सिडेंट से भरे हुए हैं और

हम सभी को प्राप्त करने चाहिए, ख़ासकर जब हम में से अधिकांश लोग प्रदूषित क्षेत्रों में रहते हैं।

चकोत्रा या पोमेलो : यह प्रतिरक्षा प्रणाली को बढ़ाता है, पाचन में सुधार करता है, रक्तचाप को कम करता है, कैंसर को रोकता है और हृदय स्वास्थ्य की रक्षा करता है।

आँवला : सुबह खाली पेट, शहद के साथ आँवले के रस का एक घूँट प्रतिरक्षा प्रणाली को बढ़ाता है।

लौंग : लौंग में, यूजेनॉल नामक, एक अद्‌भुत पोषक तत्त्व होता है जो आपके शरीर को हवा में रसायनों को अवशोषित करने से रोकता है। एक चम्मच लौंग पीसकर और इसे पाउडर और एक दालचीनी के डंडे को एक प्याले पानी में पाँच से दस मिनट तक उबालें। मिश्रण में कुछ चाय की पत्तियाँ डालें। इसे कुछ मिनटों के लिए खड़ा रखने के बाद पीएँ।

व्हीटग्रास जूस : व्हीटग्रास जूस क्लोरोफिल के उपलब्ध सबसे अच्छे स्रोतों में से एक है। एक डीटॉक्सीफिकेशन पदार्थ के रूप में, यह गाजर के रस और अन्य फलों और सब्ज़ियाँ से बेहतर है। यह सभी हरे पौधों की तरह ऑक्सीजन से युक्त है, जिसमें क्लोरोफिल होता है—एक जीवाणुरोधी गुण। मस्तिष्क और शरीर के सभी ऊतक अत्यधिक ऑक्सीजन युक्त वातावरण में एक इष्टतम स्तर पर कार्य करते हैं।

अनार के बीज और रस : नाश्ते के लिए, एक अनार खायें (जिसमें बहुत कठोर बीज नहीं हों) और इसे बीज सहित खाये। अनार के अन्दर के खाने योग्य हिस्से, रूबी पत्थर जैसे दीखते हैं और खट्टे मीठे, स्वादिष्ट होते हैं जिन में स्वास्थ्य के लाभ कूट-कूट कर भरे हैं। अनार के रस में एंटीऑक्सिडेंट गतिविधि रेड वाइन और ग्रीन टी की तुलना में तीन गुना अधिक है। अनार, शरीर और मन, दोनों को ठीक करता है—यह उच्च रक्त दबाव, उच्च कोलेस्ट्रॉल, ऑक्सीडेटिव तनाव, हाइपरग्लाइसीमिया, सूजन और कैंसर सहित विभिन्न रोग जोखिम कारकों को रोकने या इलाज करने में मदद कर सकता है।

अंकुरित मूँग दाल : नाश्ते के लिए, अंकुरित मूँग दाल एंटीऑक्सिडेंट, रोगाणुरोधी, सूजन विरोधी और मधुमेह विरोधी गुणों से भरपूर होते हैं।

सप्लीमेंट्स जो एंटीऑक्सिडेंट में समृद्ध हैं

एंटीऑक्सिडेंट हमारे शरीर में प्रदूषकों से लड़ते हैं। प्रदूषित वातावरण में आपको अपनी रक्षा के लिए हर सम्भव प्रयास करना होता है। कई प्रकार के खाद्य पदार्थ हैं जो पूरक के रूप में कार्य करते हैं जो वायु प्रदूषण के ख़िलाफ़ आपकी प्रतिरक्षा को बढ़ाते हैं। मछली या क्रिल का तेल, लहसुन, हल्दी, दालचीनी, शहद और अदरक जैसे पूरक के अलावा, निम्नलिखित का भी उपयोग किया जा सकता है :

च्यवनप्राश : एक जैम जैसा मिश्रण जो आँवला, दालचीनी, जड़ी-बूटियों, घी, चीनी और शहद से मिलकर एक आयुर्वेदिक नुस्खों का अनुसरण करता है। यह ऊर्जा को बढ़ाने में मदद करता है, पाचन में सुधार करता है और शरीर के रक्तचाप के स्तर को बनाये रखता है। यह बीमारियों के ख़िलाफ़ एक बढ़िया निवारक है।

क्लोरेला : ताज़े पानी के एक प्रकार का शैवाल जो पोषक तत्त्वों, प्रोटीन और विटामिन में समृद्ध, टैबलेट और पाउडर के रूप में, बिकता है। यह डिटॉक्सीफायर का काम करता है और प्रतिरक्षा प्रणाली को भी मज़बूत करता है और उपापचय को बेहतर बनाता है।

स्पिरुलिना : क्लोरेला की तरह, स्पिरुलिना भी एक प्रकार का शैवाल है और इसे अक्सर 'दुनिया का पहला सुपरफूड' कहा जाता है। यह प्रतिरक्षा और पाचन तन्त्र में सुधार करता है।

दुग्ध रोम/दूध थीस्ल : यह आपके रक्त से विषाक्त पदार्थों को साफ़ करने के लिए सबसे अच्छी जड़ी-बूटियों में से एक है। यह जिगर से विषाक्त पदार्थों को साफ़ करके और उसको अपना कार्य बहाल करने में मदद करता है। दुग्ध रोम एक प्राचीन चमत्कारी जड़ी-बूटी है जिसका उपयोग लिव-52 जैसे कई योगों में किया गया है। सूखे दूध थीस्ल के रस ढूँढें, लेकिन सुनिश्चित करें कि इसमें कम-से-कम 80 प्रतिशत सैलीमारिन है—जिगर की सफ़ाई के लिए सक्रिय घटक।

सक्रिय लकड़ी का कोयला : अस्पताल कई वर्षों से चारकोल के इस रूप का उपयोग कर रहे हैं। यह दवाओं, ज़हर और ज़रूरत से ज़्यादा लिए गये

दवाइयों के लिए एक मारक है। सक्रिय लकड़ी का कोयला विषाक्त पदार्थों को सोखने का काम करता है, अपने लाखों, छोटे छिद्रों से और उन्हें, सोखना नामक प्रक्रिया से, शरीर से बाहर निकालता है। 20/30 ग्राम बहुत ही महीन सक्रिय लकड़ी का कोयला के काले पाउडर को दिन में एक बार पानी के साथ मिश्रित करके लें, एक या दो सप्ताह के लिए।

इनमें से किसी भी सप्लीमेंट शुरू करने से पहले अपने डॉक्टर से सलाह करें।

अपने पानी के पी एच की जाँच करें : तर रहना और हमारे शरीर को भरपूर पानी देना महत्त्वपूर्ण है। प्रतिदिन दस से पन्द्रह गिलास सादा पानी पीना भी सुनिश्चित करें। आपको पर्याप्त पानी मिल रहा है यदि आपके नथुने नम हैं और आपका मूत्र लगभग रंगहीन है।

अपने पीने के पानी के पी एच स्तर की जाँच करें। पी एच का नाप 0 और 14 के बीच है, जहाँ सबसे अधिक अम्लीय है, 14 सबसे क्षारीय है और 7 तटस्थ है। हमारे रक्त का पी एच स्तर 7.4 (तटस्थ का थोड़ा क्षारीय की तरफ़) है और इस पी एच स्तर को बनाये रखना बहुत महत्त्वपूर्ण है। जब हमारे शरीर का पी एच स्तर थोड़ा अम्लीय होता है, ऊतकों का ऑक्सीजन स्तर कम होता है और बीस सेकंड से अधिक समय तक अपनी साँस को रोक के रखना मुश्किल हो जाता है।

हमारे पीने के पानी का पी एच स्तर हमारे रक्त के पी एच स्तर को बनाये रखने के लिए 7.4 से थोड़ा ऊपर होना चाहिए। कई आर ओ वाटर प्यूरीफायर पी एच स्तर को लगभग 7.1 तक लाते हैं। अधिकांश बोतल बन्द पानी का पी एच भी 7.4 से कम होता है। आप अपने पीने के पानी के पी एच को पी एच जाँच पट्टी के साथ माप सकते हैं, जो अमेज़ॅन और ई-बे जैसी वेबसाइटों पर उपलब्ध है। यदि आपका पानी अम्लीय है, तो इसे 7.6 बनाने के लिए इसमें एक चुटकी खाने का सोडा डालें।

धुँधलापन हो, तो मास्क पहनें

जापान में वायु गुणवत्ता अच्छी होने पर भी लोग संक्रमण से बचाव के लिए मास्क पहनते हैं। लेकिन भारत में हम मास्क पहनना पसन्द नहीं करते

क्योंकि यह असुविधाजनक होता है और यह फ़ैशन के ख़िलाफ़ होता है। यह उस समय के जैसा है जब भारत में सीट बेल्ट शुरू हुए थे। हम उन्हें लगाना पसन्द नहीं करते थे क्योंकि वे असुविधाजनक थे और हम उसके आदी नहीं थे। अब, जिस तरह सीट बेल्ट जीवन का एक हिस्सा बन गये हैं, उसी तरह से क़रीबी भविष्य में मास्क भी होंगे, बस आवश्यकता के कारण। व्यायाम करते समय मास्क पहनें, यदि बाहरी हवा की गुणवत्ता ख़राब हो।

उपयोग के घंटों के आधार पर मास्क को बदलना महत्त्वपूर्ण है। यहाँ तक कि सबसे अच्छे मास्क को नब्बे घंटे के उपयोग के बाद बदलना चाहिए, यदि वायु गुणवत्ता सूचकांक 500 से अधिक है, जो सर्दियों के दौरान दिल्ली में होता है। यह सुनिश्चित करना महत्त्वपूर्ण है कि मास्क ठीक से फिट बैठता है। व्यक्ति के वज़न के आधार पर मास्क लगाये जाते हैं।

मास्क ख़रीदते समय सबसे महत्त्वपूर्ण बात याद रखना है, मूल्यांकन। यह ऍफ़ ऍफ़ पी 2 द्वारा मूल्यांकित (एन 95 समकक्ष) होना चाहिए, जो पी एम 2.5 को फ़िल्टर करने में 95 प्रतिशत कुशल है। ये तुलनात्मक रूप से कम महँगे हैं लेकिन उतने प्रभावी नहीं हैं जो एन99 सी ई प्रमाणित (3एम मास्क और कैम्ब्रिज मास्क) हैं, जो पी एम 2.5 को 99 प्रतिशत फ़िल्टर करते हैं।

फिट भी महत्त्वपूर्ण है क्योंकि अगर चेहरे पर, आराम से, ठीक से, नहीं बैठता, वह, असल में, बेकार है। यदि आप इसे पहनते समय घुटन महसूस करते हैं, तो यह आपके लिए नहीं है। एक मास्क जो बाहर की हवा ला के, इसे छान के लगातार मास्क में ताज़ी हवा प्रदान कर, एक सकारात्मक दबाव बना सके, वो सबसे अच्छा होगा। ईज़ी फ्लो एक ऐसा मास्क है—हालाँकि पहनने से डार्थ वेडर की तरह दिखते हैं—लेकिन परिणाम वास्तव में सबसे अच्छा है—कार्बन डाइऑक्साइड से कम जोखिम और मास्क से जुड़े पंखा, छलनी, और ट्यूब के साथ बाहरी जुगाड़ का उपयोग करके मास्क में सही ताज़ी हवा पहुँचना (बहुत कुछ उस वाहिनी जैसा जो बाहरी हवा को एयर प्यूरीफायर तक पहुँचाता है)।

आज भारतीय बाज़ार में कई मास्क उपलब्ध हैं जैसे 3एम, वीनस, कैम्ब्रिज, ईज़ी फ्लो, टोटो बोटो और रेसप्रो। इनकी क़ीमत 100 रुपये से 5000 रुपये के बीच है और इन्हें फार्मेसियों से या ऑनलाइन ख़रीदा जा सकता है।

अपने शरीर को स्पष्ट करें

अपने शरीर को साफ़ करने के तरीक़े रोज़ सुबह और रात को अपनी नाक साफ़ करने की आदत डालें। अपने काम पे निकलने से पहले, अपने नथुने में खाद्य तेल, या इससे भी अच्छा, घी, की एक छोटी मात्रा डालें, उन्हें नम रखने और पी एम को फँसाने के लिए। नमक के पानी से गरारे करने से भी गला संक्रमण से मुक्त रहता है।

अपने रक्तचाप की जाँच करवाएँ

अपने रक्तचाप की नियमित रूप से डॉक्टर से जाँच कराना महत्त्वपूर्ण है। इम्यूनोग्लोबिन ई(आई जी ई) परीक्षण भी किया जाना चाहिए यदि आप एलर्जी से ग्रस्त हैं। यह परीक्षण यह निर्धारित करने में सक्षम है कि क्या आपको किसी पदार्थ से एलर्जी है, भले ही परीक्षण आपको एलर्जी का स्रोत नहीं बताता है। यदि आई जी ई स्तर ऊँचा है, तो इसका मतलब है कि आपको घर पर या कार्यस्थल पर किसी चीज़ से एलर्जी हो सकती है। हवा में प्रदूषक तत्त्वों के कारण एलर्जी भी बढ़ सकती है।

व्यायाम करने के लिए बाहर जाने से पहले वायु गुणवत्ता को जाँच लें

इससे पहले कि आप दौड़ लगाने या टहलने के लिए बाहर निकलें, मैं आपको सलाह दूँगा कि पहले वायु गुणवत्ता सूचकांक (ए क्यू आई) की जाँच करें। सामान्य ए क्यू आई स्तर 50 के नीचे होना चाहिए। 200 से कुछ भी ऊपर ख़तरनाक है।

आज, ए क्यू आई ऐप आपके फ़ोन पर, डाउनलोड के लिए, आसानी से उपलब्ध हैं। अधिक लोकप्रिय हैं ए क्यू आई सी एन, एयर विजुअल, एयर वेदा, एयर नाउ, कैटेरा और ए क्यू आई इंडिया। इनमें से ज़्यादातर ऐप्स मुफ्त में उपलब्ध हैं। तो इन ऐप्स में से एक डाउनलोड करें और इससे पहले कि आप सुबह टहलने के लिए बाहर निकलें, हवा की गुणवत्ता की जाँच करें। यदि हवा की गुणवत्ता ख़राब है, तो घर के अन्दर व्यायाम करना बेहतर होगा।

साँस लेने के व्यायाम जो आपके फेफड़ों को मज़बूत करेंगें

योग में लगभग सभी समस्याओं का समाधान है, जैसे साँस लेने के व्यायाम। यहाँ मैं आपको योग की सबसे अच्छी साँस लेने की तकनीकों का मिश्रण देता हूँ और कुछ मध्यपटीय श्वास अभ्यास भी देता हूँ, जो मैं दैनिक करता हूँ।

इन अभ्यासों को करते समय, सिकुड़े हुए होंठों के माध्यम से साँस छोड़ें। उन्हें हर सुबह करें। लेकिन याद रखें, बाहरी या अन्दरूनी व्यायाम और गतिविधियों में शामिल होना महत्त्वपूर्ण है जब हवा में पी एम 2.5 का स्तर 50 माइक्रोग्राम प्रति घन मीटर से कम होता है, और घर के अन्दर 15 माइक्रोग्राम प्रति घन मीटर से कम।

अनुलोम विलोम

- आराम की स्थिति में बैठें। बायें नथुने से साँस लें और अपने अँगूठे से दायें नथुने को बन्द करें।
- अपनी साँस रोकें और बीस तक गिनें।
- अपने बाये नथुने को उंगली से बन्द करें और दायें नथुने से साँस छोड़ें।
- अपनी साँस रोकें और दस तक गिनें।
- चक्र को पूरा करने के लिए सही नथुने से शुरू करते हुए, इसी चरण को दोहराएँ।
- पाँच बार दोहराएँ

कपालभारती

- आराम की स्थिति में बैठें। एक गहरी साँस लें।
- साँस छोड़ें और अपने पेट को अन्दर खींचें। अपनी नाभि को रीढ़ की हड्डी की ओर खींचें।
- नाभि और पेट को आराम दें।

- साँस अपने आप आपके फेफड़ों में प्रवाहित हो जायेगी।
- कपालभारती प्राणायाम का एक दौर पूरा करने के लिए इसे बीस बार दोहराएँ।

मध्यपटीय श्वास

- एक आराम की स्थिति में बैठें, अपने पेट पर हाथ रखें।
- नाक से साँस लें। आपको अपने पेट पर अपने हाथों को महसूस करने में सक्षम होना चाहिए।
- सिकुड़े हुए होंठों के माध्यम से दो बार लम्बे समय तक साँस छोड़ें। आपको अपने हाथों को अन्दर जाते हुए महसूस करने में सक्षम होना चाहिए।
- इसे दस बार दोहराएँ।

छत को छूना

- कन्धों को आराम से रखकर बैठें। एक हाथ को आगे और छत की ओर ऊपर उठाते हुए साँस छोड़ें।
- रुकें और साँस लें। साँस छोड़ें और अपनी बाँह को नीचे करें। दूसरे हाथ से दोहराएँ।
- दोंनो तरफ़ पाँच बार दोहराएँ।

पवनचक्की

- कन्धों को आराम से रखकर और अपनी बाँहों को गोद में रखकर बैठें।
- साँस छोड़ते हुए अपनी बाँहों को एक तरफ़ और अपने सिर पर ऊपर उठाएँ। रुकें और साँस लें।

- साँस छोड़ते हुए अपनी बाँहों को नीचे करते हुए अपनी गोद में वापस ले आयें।

जांघ को मजबूत करना

- कन्धों को आराम से रखकर बैठें। एक पैर को सीधा करते समय साँस छोड़ें (अपने पैर की उँगलियों को छत की ओर इशारा करें)। रुकें और साँस लें।
- धीरे-धीरे साँस छोड़ें, अपने पैर को फ़र्श पर उतारें।
- दूसरे पैर के साथ दोहराएँ। अपने पैर को गिरने न दें।
- प्रत्येक पैर के साथ पाँच बार दोहराएँ।

हम समुदाय में अपनी हवा को साफ़ करने के लिए क्या कर सकते हैं

"मैं यहाँ आने वाली सभी पीढ़ियों के लिए बोलने आयी हूँ। मैं यहाँ बोलने आयी हूँ—दुनिया भर में भूखे बच्चों की ओर से जिनके रोने की आवाज़ें अनसुनी हो जाती हैं। मैं इस ग्रह पर मरने वाले अनगिनत जानवरों के लिए बात करने के लिए यहाँ हूँ, क्योंकि उनके पास, जाने के लिए, कोई जगह नहीं बची। मुझे अब धूप में बाहर जाने से डर लगता है, क्योंकि हमारे ओजोन में छेद हैं। मैं इस हवा में साँस लेने से डरती हूँ क्योंकि मैं नहीं जानती की इसमें क्या रसायन हैं।

"मैं केवल एक बच्ची हूँ, फिर भी मुझे पता है कि हम सभी एक परिवार का हिस्सा हैं—पाँच अरब कुल; वास्तव में कुल 300 लाख प्रजातियाँ—और सीमाएँ और सरकारें इसे कभी नहीं बदलेंगी। मैं केवल एक बच्चा हूँ, फिर भी मुझे पता है कि हम सभी इसमें एक साथ हैं और एक ही लक्ष्य की दिशा में, एक ही दुनिया जैसे, हमें कार्य करना चाहिए।

1992 में, कनाडा के बारह वर्षीय सेवर्न सुजुकी ने रियो डी जनेरियो अर्थ समिट में मंच लिया, वैश्विक नेताओं के बीच और वहाँ इकट्ठा हुए लोगों से एक गम्भीर अनुरोध किया। 'वह लड़की जिसने छह मिनट में दुनिया को चुप करा दिया' के रूप में जानी जाने वाली, सुजुकी का सन्देश सरल और प्रभावी था : जब तक हम एक समुदाय के रूप में एक साथ काम नहीं करेंगे, तब तक हम जिस हवा में साँस लेते हैं वह हमें मार देगी।

आज, दुनिया भर की सरकारें और नागरिक वायु प्रदूषण के ख़तरों को पहचानते हैं। पेरिस, लन्दन और एथेंस जैसे शहर, हवा की गुणवत्ता में सुधार लाने के लिए, डीजल वाहनों पर प्रतिबन्ध लगाने के रास्ते पर हैं। इस योजना का एक

हिस्सा मौजूदा सार्वजनिक परिवहन प्रणाली में सुधार करना, शहरों को अधिक पैदल चलने वालों के अनुकूल बनाना और नागरिकों को काम करने के लिए साइकिल जैसे स्वस्थ और पर्यावरण के अनुकूल विकल्पों का उपयोग करने के लिए प्रोत्साहित करना भी है। लेकिन इन परिवर्तनों को, सामुदायिक समर्थन के बिना या ख़ुद को शामिल ना करे, प्रभावित नहीं किया जा सकता।

1996 में, पी बी सी ने नेहरू प्लेस में एक सात-एकड़ स्लम क्षेत्र को एक सार्वजनिक पार्क में बदलने की ज़िम्मेदारी ली। हमने इसे अपनी क़ीमत पर किया। न केवल हमने इस क्षेत्र को साफ़ किया, बल्कि हमने 2000 से अधिक पेड़ भी लगाये और जो एक ख़तरनाक क्षेत्र हुआ करता था, जहाँ अनधिकृत फेरी वालों और अतिक्रमणकारियों का अक्सर आना जाना रहता था, एक सार्वजनिक पार्क में परिवर्तित हो गया, जिसका उपयोग हर कोई कर सकता है। उद्घाटन के दिन, दिल्ली की पूर्व मुख्यमन्त्री, शीला दीक्षित, राष्ट्रीय राजधानी क्षेत्र दिल्ली के लेफ्टिनेंट गवर्नर, श्री तेजेन्द्र खन्ना, भारत के मुख्य न्यायाधीश, बी.एन. कृपाल, संयुक्त राज्य अमेरिका के राजदूत, रिचर्ड सेलेस्टे और यूनाइटेड किंगडम के उच्चायुक्त, सर रौब यंग सहित सभी का ज़बरदस्त समर्थन था। इसके अलावा कई देशों के राजदूत और आसपास के राज्यों के मुख्यमन्त्री सहित सैकड़ों अति विशिष्ट व्यक्ति शामिल थे। यहाँ तक कि उन्होंने ख़ुद पेड़ लगाकर भी अपना समर्थन दिखाया।

दिल्ली में एक वाणिज्यिक ज़िला, नेहरू प्लेस, के बीचों-बीच, एक झुग्गी-झोंपड़ी बस्ती के एक हरे भरे क्षेत्र में इस परिवर्तन ने, चारों ओर, हवा की गुणवत्ता में सुधार करने में भी मदद की। 2003 में, जब पी बी सी ने इस पार्क को दिल्ली नगर निगम को सौंपा, तो पी एम 10 का स्तर 1047 माइक्रोग्राम प्रति घन मीटर से घटकर, 388 माइक्रोग्राम प्रति घन मीटर हो गया था और कार्बन डाइऑक्साइड का स्तर 445 पी पी एम से 335 पी पी एम तक गिर गया था! पार्क में हमारे द्वारा लगाये गये सागौन के पेड़ों के नीचे कार्बन डाइऑक्साइड का स्तर सबसे कम था।

कोपेनहेगन, डेनमार्क ने 2025 तक कार्बन-तटस्थ बनने का महत्त्वाकांक्षी लक्ष्य निर्धारित किया है। एक कार्बन पदचिह्न को एक संगठन की ऊर्जा खपत

(या गतिविधियों) की समग्रता और उस खपत से परिणामी उत्सर्जन को परिभाषित किया गया है। उत्सर्जन की गणना प्रत्येक गतिविधि के लिए उत्सर्जन कारकों को लागू करके की जाती है। एक उत्सर्जन कारक प्रत्येक प्रकार की गतिविधि के ग्लोबल वार्मिंग पोटेंशियल (जी डब्ल्यू पी) पर आधारित है। तो, उदाहरण के लिए, अपने चिमनी में प्राकृतिक गैस जलाना एक प्रकार की गतिविधि है, और प्राकृतिक गैस से जुड़ा एक उत्सर्जन कारक है। जी डब्ल्यू पी, व्यापक रूप से, उत्सर्जन के प्रकार के आधार पर भिन्न होते हैं; कार्बन पदचिह्न की गणना करते समय, सभी जी डब्ल्यू पी को कार्बन डाइऑक्साइड के समकक्ष में परिवर्तित कर दिया जाता है ताकि सारी गतिविधियाँ और उत्सर्जन कारक की तुलना समान्तर रूप से की जा सके।

यह एक ऐसा विचार है जो नागरिकों को भी उत्साहित करता है। आज, कोपेनहेगन में आधे से अधिक लोग घर पर अपनी कारों को छोड़ कर, काम पर और हर अन्य कहीं भी, मीलों मील की साइकिल पटरियों का उपयोग करते हुए, जो डेनिश राजधानी पर छाये हुए हैं, साइकिल पर आते जाते हैं। हमारे देश के क़रीब, चीन ने, जिसकी लम्बे समय से भयानक वायु गुणवत्ता के लिए आलोचना की जा रही थी, समस्या को रोकने के लिए, कार उत्सर्जन मानकों में सुधार करके और एक सौ से अधिक कोयला संचालित बिजली संयन्त्रों को बन्द करके, 2017 में कड़े क़दम उठाये। निवासियों ने भी घर पर कोयले के स्टोव और भट्ठियों के उपयोग को कम करके, इसमें शामिल हो गये। प्रदूषण के ख़िलाफ़, चीन की लड़ाई से, प्रदूषण प्रहरियों का भी उदय हुआ—स्मार्टफोन रखने वाले नागरिक, जो हवा की गुणवत्ता की जाँच कर सकते थे, जहाँ वे रहते थे और उन क्षेत्रों के बारे में सोशल मीडिया के माध्यम से स्थानीय अधिकारियों को रिपोर्ट कर सकते थे जहाँ यह अनुमेय सीमाओं के भीतर नहीं था।

नागरिकों के पास वायु प्रदूषण को रोकने की लड़ाई में शामिल होने के अलावा बहुत कम विकल्प हैं, क्योंकि हमारा जीवन,वास्तविक रूप से, दाँव पर लगा है। जब समुदायों से पता चलता है कि वे चिन्तित हैं और हवा की गुणवत्ता में सुधार के लिए क़दम उठाने के लिए तैयार हैं, तो प्रभाव सभी को देखने को मिलता है। सरल सामुदायिक पहल एक बड़े अभियान का नेतृत्व कर सकती है, जो एक लम्बा रास्ता तय करेगी।

सरकारें समस्या का समाधान कर सकती हैं

मेक्सिको सिटी यह साबित करने के लिए एक अच्छा उदाहरण है कि सरकारें एक कठिन समस्या से निपट सकती हैं। जब 1980 और 1990 के दशक में मेक्सिको सिटी का प्रदूषण ख़तरनाक स्तर पर पहुँच गया, तो सरकार ने समस्या से निपटने का फ़ैसला किया। दुनिया में 'सबसे प्रदूषित जगह' के छापे की बदनामी, सरकार के लिए सहन करना बहुत अधिक कठिन था। 1990 और 1995 के बीच, मेक्सिको सिटी में कुछ सबसे बड़े कारख़ानों को देश के अन्य हिस्सों में स्थानान्तरित करने और मेक्सिको में सभी उद्योगों के लिए नये उत्सर्जन मानक पेश करने सहित, कई उपाय किये गये।

वायु प्रदूषण एक राष्ट्रीय कार्यक्रम बन गया और यह हर किसी की ज़िम्मेदारी थी। 'यह कभी भी एक राजनीतिक नारे के रूप में इस्तेमाल नहीं किया गया', राजदूत, मेल्बा प्रिया, कहते हैं।

राजधानी दिल्ली की सड़कों पर सम-विषम फार्मूले की कोशिश से कई साल पहले, मेक्सिको ने पहले ही इसे एस ओ एस रणनीति के रूप में लागू कर दिया था। सोमवार को सड़कों पर 1 और 2 के साथ समाप्त होने वाली संख्याओं की नम्बर प्लेट वाली कारों को अनुमति नहीं थी; 3 और 4 के साथ समाप्त होने वालों को मंगलवार को प्रतिबन्धित कर दिया गया था, इत्यादि। यह नियम सरकार के ख़ास नेताओं सहित सभी पर लागू था। केवल एम्बुलेंस और सार्वजनिक बसों को छूट दी गयी थी। इस तरह मेक्सिको, हर दिन, 20 प्रतिशत कारों को सड़क से दूर रखने में कामयाब रहा।

बाज़ार में एक नया पर्यावरण के अनुकूल ईंधन पेश किया गया था, और कार उत्सर्जन और घरों के अन्दर कोयले को जलाने को लेकर कड़े कानून बनाये गये थे। दिल्ली की तरह, पटाखों पर प्रतिबन्ध लगा दिया गया था, जिसमें क्रिसमस के दौरान रबर टायरों के अन्दर होलिका की शानदार परम्परा भी शामिल थी। लेकिन दिल्ली के विपरीत, मेक्सिको में कोई विरोध प्रदर्शन नहीं हुआ क्योंकि नागरिकों ने सरकार के साथ सहयोग करने की आवश्यकता को समझ लिया था।

यह शहर अब, दुनिया के दस सबसे प्रदूषित शहरों की सूची में नहीं है। समस्या को हल करने के लिए उपायों की एक विविध श्रृंखला को लागू करके, मेक्सिको सिटी ने अपनी प्रदूषण समस्याओं को आधे से भी कम कर दिया है। 1992 में, मेक्सिको सिटी ने केवल आठ अच्छी हवा वाले दिन दर्ज किये। 2016 में, यह संख्या 250 तक बढ़ गयी थी!

चीन भी वायु प्रदूषण के ख़िलाफ़ प्रगति कर रहा है, सिर्फ़ इसलिए कि उसकी सरकार ने सख्त प्रदूषण विरोधी क़ानूनों को लागू किया है। एक रिपोर्ट पीकिंग विश्वविद्यालय के स्कूल ऑफ़ पब्लिक हेल्थ द्वारा संकलित की गयी थी, और लैंसेट प्लैनेटरी हेल्थ के जुलाई के संस्करण में प्रकाशित हुई थी। इसमें कहा गया है कि 2013 और 2017 के बीच देश की वायु गुणवत्ता में काफ़ी सुधार हुआ था, जिससे 2013 की तुलना में 2017 में 47,000 कम लोगों की मौत हुई थी। चीन की सरकार ने 'अपने आसमान को फिर से नीला बनाने' की शपथ ली। चीन में कोयले का इस्तेमाल बहुत कम हो गया है, जिसने उसके बारीक पी एम को 25 प्रतिशत तक कम कर दिया है। कोयले का विकल्प खोजने के लिए, उस देश ने अब सौर ऊर्जा में एक बड़ा निवेश किया है। प्रदूषण पैदा करने वाले उद्योगों को या तो बन्द कर दिया गया या उन क्षेत्रों में स्थानान्तरित कर दिया गया जहाँ प्रदूषण का स्तर कम था। प्रदूषण विरोधी क़ानूनों को लागू करने के उद्देश्य से, विशेष रूप से, एक नया ई पी ए भी बनाया गया।

इसकी तुलना में, भारत बेतहाशा पिछड़ गया है। हमें अभी भी एक लम्बा रास्ता तय करना है इससे पहले कि हम ताज़ी हवा का आनन्द ले सकें। लेकिन हमारे पास, नागरिक और व्यक्तिगत रूप से, प्रदूषण से लड़ने के लिए समय की विलासिता नहीं है। हमारी सरकार को कार्रवाई करने के लिए, हम इन्तज़ार नहीं करते रह सकते। यदि हम ऐसा करते हैं, तो हम बीमार हो जायेंगे और बीमारियों से घिरे रहेंगे। हमें ख़ुद को और अपने बच्चों को उस नुक़सान से बचाना चाहिए जो बुरी हवा के कारण होता है। तो हम यहाँ, भारत में, क्या कर सकते हैं?

शुरू करने के लिए, रेजिडेंट वेलफेयर एसोसिएशन (आर डब्लू ए) एक अच्छी जगह है।

- अपने मोहल्ले के लोगों को, कॉलोनी को साफ?-सुथरा और धूल मुक्त रखने के लिए, प्रोत्साहित करें। यह सुनिश्चित करें कि एसोसिएशन द्वारा, नियमित रूप से पानी का छिड़काव किया जाता है।
- जहाँ भी सम्भव हो पेड़ लगायें। इससे न केवल हरियाली बढ़ेगी बल्कि जिस हवा में आप साँस लेते हैं, साफ़ हो जायेगी।
- दिवाली और होली जैसे त्योहारों के दौरान, जब आतिशबाज़ी, हर साल, हवा की गुणवत्ता में तेज़ गिरावट का कारण बनती है, तो अपने पड़ोसियों को, केवल अपने ही परिवार के साथ के बजाय, कॉलोनी में एक साथ जश्न मनाने के लिए प्रोत्साहित करें। इसका मतलब होगा कम आतिशबाज़ी, और कम प्रदूषण।

स्कूल भी बड़ी भूमिका निभा सकते हैं

भारत के हर शहर में हज़ारों स्कूल हैं। प्रत्येक स्कूल की सैकड़ों बच्चों तक पहुँच है, जो औसतन, चार से पाँच लोगों के परिवारों से होते हैं। वायु प्रदूषण के ख़तरों के बारे में स्कूली बच्चों को दी जाने वाली जानकारी और शिक्षा न केवल बच्चों को पर्यावरण के प्रति जागरूक करेगी, बल्कि वे घर लौटकर, यह सीख, अपने माता-पिता और रिश्तेदारों को भी देंगे।

प्लास्टिक के ख़तरों को इंगित करने और माता-पिता और बच्चों को अपने व्यक्तिगत वाहनों के बजाय स्कूल बसों और कारपूल का उपयोग करने के लिए प्रोत्साहित करने के जैसी हरी पहल, सरल लेकिन प्रभावी साधन हैं, जो नियोजित किये जा सकते हैं।

कार्यालयों

दुनिया भर में, और यहाँ तक कि, भारत में भी, कार्यालय अपने कार्बन पदचिह्न के बारे में कहीं अधिक जागरूक हैं। पी बी सी की तरह, अन्य संगठन भी काग़ज़-मुक्त होकर, अपने परिसर में पेड़ लगाकर, अन्दरूनी हिस्सों को सजाने के लिए पौधों का उपयोग करके और प्लास्टिक के उपयोग को सीमित करके पर्यावरण-अनुकूल मार्ग ले रहे हैं।

- आज कम कर्मचारियों वाले स्टार्ट-अप या कार्यस्थलों के पास भारत के महानगरों में सह-कार्य स्थलों का उपयोग करने का विकल्प भी है।
- बिजली के लिए कार्यस्थलों में सौर पैनलों की स्थापना।
- कूड़ा प्रबन्धन तन्त्र स्थापित करना, पर्यावरण पर एक बड़ा अहसान करने का, एक सरल तरीक़ा है।

घर और जीवनशैली

- छत पर सौर पैनल स्थापित करें—ये आपके पूरे घर को बिजली दे सकते हैं।
- अपने घर को हरा-भरा रखें और जहाँ भी सम्भव हो सभी विषाक्त सामग्री को हटा दें।
- जैविक कूड़े को अलग करना महत्त्वपूर्ण है क्योंकि इसे खाद में परिवर्तित किया जा सकता है। खाद्य अपशिष्ट का उपयोग वर्मी खाद्य के उत्पादन के लिए भी किया जा सकता है। यदि आपको घर पर ख़ुद से ऐसा करना मुश्किल लगता है, तो अपने इलाक़े के आर डब्ल्यू ए को शामिल करें और उन्हें सामुदायिक कूड़ा निपटान प्रणाली शुरू करने के लिए प्रोत्साहित करें।
- आप जब वाहन चला रहें हों, तो भारी यातायात में अचानक ब्रेक लगाने या गति तेज़ करने से बचें, क्योंकि इससे उत्सर्जन बढ़ जाता है।
- अपने दैनिक जीवन में प्लास्टिक के उपयोग को कम करें। प्लास्टिक सामग्री को ख़त्म होने में 1000 साल लगते हैं। कैलिफ़ोर्निया, प्लास्टिक स्ट्रॉ पर प्रतिबन्ध लगाने वाला, दुनिया का पहला स्थान बन गया है, क्योंकि उन्हें किसी भी तरह, पुनः इस्तेमाल करना मुश्किल होता है।
- जहाँ भी सम्भव हो पुनः उपयोग और पुनः इस्तेमाल करें। यहाँ तक कि, जब आप सब्ज़ियाँ ख़रीदने जाते हैं, एक ही प्लास्टिक बैग का

उपयोग करने की तरह, एक छोटा-से क़दम से भी फ़र्क़ पड़ेगा। इससे भी बेहतर, अगली बार जब आप बाज़ार जायें, तो कपड़े के बैग जैसी, पर्यावरण-अनुकूल सामग्री चुनें।

- हम में से अधिकांश लोगों का अब ऑनलाइन शॉपिंग एप्लिकेशन पर निर्भर होने के कारण, कार्डबोर्ड के बक्से, जिनमें किराने का सामान पैक होकर आते हैं, उन्हें वापस लौटाएँ, ताकि वे अन्य ग्राहकों के लिए फिर से इस्तेमाल किये जा सकें।
- सर्दियों में आसपास के रात के चौकीदारों को एक अलाव के आसपास ख़ुद को गर्म रखने की कोशिश करते हुए देखना, एक आम दृश्य है। टहनियाँ, पत्तों और काग़ज़ का जलना, आसपास के क्षेत्र को साँस लेने में मुश्किल बनाने में योगदान देता है। अपने पुराने गर्म कपड़ों को अपने पड़ोस के चौकीदारों को दान करें। यह उन्हें गर्म रखेगा और सम्भवत: उन्हें आग जलाने से रोक देगा।
- सुनिश्चित करें कि आपके कचरे का उचित तरीक़े से निपटान किया जा रहा है और जलाया नहीं जा रहा है। अपने पड़ोसियों को अपना उदाहरण पालन करने के लिए प्रोत्साहित करें।

डिजिटल प्रदूषण के योद्धा बनें

देश के नागरिक होने के नाते हमें स्वच्छ हवा का अधिकार है, सरकार से गम्भीर वायु गुणवत्ता पर कार्रवाई करने के लिए कहने का अधिकार है। वैश्विक स्तर पर, सोशल मीडिया ने लोगों को अपनी सरकारों के साथ संवाद करने के तरीक़े को बदल दिया है। भारत भी इससे अलग नहीं है। ऑनलाइन अभियानों से, प्रभावी ढंग से, सबसे महत्त्वपूर्ण मुद्दों को आगे लाया गया है। साफ़ हवा की माँग करना भी इससे अलग नहीं होना चाहिए।

जब दिल्ली की ख़राब वायु गुणवत्ता अन्तरराष्ट्रीय सुर्खियों में आ;h, तो 200 से अधिक ऑनलाइन याचिकाएँ दायर की गयीं, जिन पर हज़ारों लोगों ने हस्ताक्षर किये, जिसमें सरकार से वायु प्रदूषण को रोकने के लिए तत्काल और कड़े क़दम उठाने का आग्रह किया गया। संगठित ऑनलाइन अभियान वायु

प्रदूषण की समस्या की ओर ध्यान आकर्षित कर सकते हैं और आपकी चिन्ताओं को ठिकाने पर पहुँचाने में मदद कर सकते हैं।

हम इंटरनेट पर बहुत समय बिताते हैं। हम उस समय का उपयोग, बेहतर हवा के लिए लड़ने के लिए कर सकते हैं। हवा की गुणवत्ता पर अपनी चिन्ताओं के बारे में ट्वीट करें और अपने दोस्तों को भी ऐसा करने को कहें। फेसबुक पर भी इस सन्देश को फैलायें। सिर्फ़ शिकायत करने के बजाय, हवा की गुणवत्ता में सुधार के लिए समाधान भी साझा कर सकते हैं। ऑनलाइन मंच ध्यान आकर्षित करने के लिए एक शानदार तरीक़ा है, चाहे एक ऑनलाइन याचिका शुरू करके या अपने शासन को एक पत्र लिख कर।

कुछ मुद्दे जो आप, नागरिकों के रूप में, ऑनलाइन उठा सकते हैं, वे हैं :

फसलों के अवशेषों को जलाना सीमित करें : यह सबसे बड़े कारणों में से एक है, जिसकी वजह से, विशेष रूप से, उत्तर भारत में, सर्दियों में, वायु गुणवत्ता ख़तरनाक स्तर तक गिर जाती है। इस समस्या का हल खोजने के लिए राज्य सरकारों से अपील करने के लिए एक अभियान शुरू करें।

मेट्रो स्टेशनों तक पहुँचने के लिए परिवहन सुनिश्चित करें : दिल्ली जैसे शहरों में भी जहाँ एक सम्पूर्ण मेट्रो सेवा चारों तरफ़ फैली हुई है, यात्री अपनी कारों का कभी-कभी उपयोग करना जारी रखते हैं, मेट्रो स्टेशनों तक पहुँचने के लिए। यह काफ़ी हद तक अपर्याप्त सार्वजनिक परिवहन का कारण है। सुरक्षित और कुशल पड़ोस से मेट्रो स्टेशन तक सार्वजनिक परिवहन प्रणाली पर ज़ोर दें। इससे निजी वाहनों पर निर्भरता कम होगी।

साफ़ और हरी-भरी सड़कें : अपने शहर को हरा-भरा बनाने के सुझाव पोस्ट करें। यह अपने शहर में, जहाँ भी सम्भव हो, पेड़ लगाकर किया जा सकता है। रात में पानी से, शहर की सड़कों पर छिड़काव करने से, धूल, जिसे हम रोज़ साँस लेने के लिए मजबूर होते हैं, उसे कम करने के सबसे सरल तरीक़ों में से एक है। अपनी स्थानीय सरकारों से अपील करें कि वे यह नियमित रूप से करें। अतीत में, दिल्ली में 1400 पेड़ों की कटाई को रोकने के लिए हाल के आन्दोलन जैसे समाचार-पत्रों के अभियानों ने अधिकारियों का ध्यान आकर्षित किया है।

औद्योगिक प्रदूषण पर अंकुश : कारख़ानों और बिजली संयन्त्रों से उत्सर्जन वायु प्रदूषण के सबसे बड़े कारणों में से एक है। औद्योगिक संयन्त्रों में बेहतर प्रौद्योगिकियों को लागू करके, संसाधनों के प्रबन्धन के अधिक, पर्यावरण के अनुकूल, तरीक़े खोजने और उचित अपशिष्ट प्रबन्धन तकनीकों को स्थापित करके इसे रोकने के तरीक़ों का सुझाव दें। कोयला संचालित कारख़ाने सबसे बड़ी चिन्ताओं में से एक बने हुए हैं। सरकार से आग्रह है कि वे उनका विकल्प खोजें। इन इकाइयों में श्रमिकों को संवेदनशील बनाना और उन्हें संसाधनों के संरक्षण के लिए प्रोत्साहित करना, जैसे कि उपयोग में नहीं होने पर रोशनी और पंखों को बन्द करना, लम्बे समय में मदद करेगा।

वाहन प्रदूषण : हालाँकि दिल्ली जैसे शहरों ने पुरानी डीजल कारों पर प्रतिबन्ध लगा दिया है, यह जांचना अक्सर मुश्किल होता है कि प्रतिबन्ध वास्तव में लागू है या नहीं। इसके अलावा, प्रतिबन्ध को पूरे देश में लागू नहीं किया गया है। इससे दिल्ली से पुरानी डीजल कार ख़रीदने वाले दूसरे राज्यों के लोगों की संख्या में तेज़ी आ गयी है। डीजल सस्ता विकल्प होने के कारण देश में डीजल वाहनों को पूरी तरह से मिटाना मुश्किल होगा। विकसित देशों में पायें जाने वाले डी पी एफ के साथ डीजल कारें एक समाधान हो सकती हैं, जो केवल तभी सम्भव होगा जब भारत 2020 में भारत स्टेज VI (यूरो 6 के बराबर) की समय सीमा तक पहुँच जा;Sगा। सरकार से आग्रह किया जाता है कि वह देश के अन्य हिस्सों में भी डीजल वाहनों को, चरणबद्ध तरीक़े से, हटाने के लिए प्रोत्साहित करे।

कड़े उपायों का सुझाव दें : कभी-कभी सज़ा का डर वास्तव में हमें अधिक ज़िम्मेदार नागरिक बनने में मदद कर सकता है। हमारा, अधिकांश, सीट बेल्ट पहनने का कारण यह नहीं है कि हम अपनी सुरक्षा के बारे में चिन्तित हैं, लेकिन क्योंकि हम डरते हैं कि, न पहनने पर हम पर, ट्रैफिक पुलिस द्वारा, जुर्माना लगाया जा सकता है! सरकार से आग्रह है कि जहाँ कहीं भी आवश्यक हो, अनुशासनात्मक की भूमिका निभाये। हमारे ग़लत तरीक़ों के लिए हम जो क़ीमत चुकाते हैं, वह वास्तव में, हमारे फेफड़ों औरं जीवन को बचा सकती है। सरकार से, प्रदूषण फैलाने वाले वाहनों पर भारी जुर्माना थोपने और पी यू सी

प्रमाणन के बिना कारों और दोपहिया वाहनों को ईंधन न प्रदान करने के लिए आग्रह करें।

स्थानीय रूप से चुने गये नेताओं से आवासीय क्षेत्रों में स्पॉट चेकिंग करने का आग्रह करें : विधायकों को यह सुनिश्चित करने के लिए यादृच्छिक जाँच करने के लिए प्रोत्साहित किया जाना चाहिए कि कचरे का उचित निपटान किया जा रहा है। उन परिवारों पर जुर्माना लगायें जो अनुपालन नहीं कर रहे हैं। पराली जलाने के ख़िलाफ़ सख़्त कार्रवाई करें और लोगों को अपशिष्ट पदार्थ जलाने से हतोत्साहित करें। इसी तरह, अपने नेताओं को उन लोगों को पुरस्कृत करने के लिए सुझाव दें जो कुछ सुधार कर रहे हों, जैसे, सौर पैनलों के साथ अपने घरों और कारख़ानों को बिजली देकर और प्रभावी अपशिष्ट प्रबन्धन तकनीकों का उपयोग करके।

पौधे लगायें और उनकी देखभाल करें : यह कहा जाता है कि, जब बूढ़े लोग पेड़ लगाकर उनकी देखभाल करना शुरू करते हैं, यह जानते हुए कि उन्हें इसकी छाया या वायु गुणवत्ता के लाभों से लाभ नहीं होगा, तो समाज विद्वान हो गया है। पेड़ों की बेहिसाब कटाई की अनुमति न दें।

ऊर्जा और प्रदूषण

भारत के अधिकांश ऊर्जा समाधान कोयले से चलने वाले स्त्रोतों से आते हैं। कोयले का जलना, वायु प्रदूषण में, सबसे बड़ा योगदान है। नागरिक होने के नाते हमारा लक्ष्य यह होना चाहिए कि हम जितना सम्भव हो सके उतना अपने ऊर्जा उपयोग को कम करें। हम जितने अधिक ऊर्जा कुशल होंगे, उतना ही कम वायु प्रदूषण होगा। दुनिया की चालीस प्रतिशत ऊर्जा इमारतों द्वारा इस्तेमाल होती है, और पन्द्रह वर्षों में, दुनिया की 60 प्रतिशत आबादी, इमारतों में रह रही होगी, दस लाख से अधिक की आबादी वाले शहरों में। हमें और अधिक ऊर्जा कुशल बनने के तरीक़े खोजने की ज़रूरत है। ऊर्जा के उपयोग को कम करने के यहाँ कुछ उपाय दिये गये हैं :

- जितना सम्भव हो सके अपने कार्बन पदचिह्न को कम करें। काम पे जाने के लिए कार पूल शुरू करें या सार्वजनिक परिवहन प्रणाली का

उपयोग करें। अपनी कार को घर पर छोड़ दें और काम पर जाने के लिए मेट्रो पकड़ें। न केवल आप पेट्रोल पर पैसे बचायेंगे, सम्भव है कि आप कम समय में कार्य स्थल पहुँच जायेंगे क्योंकि आप ट्रैफ़िक से बचेंगे। उससे भी बेहतर, कोपेनहेगन से सीखें—अपने लिए एक साइकिल ख़रीद लें! यह जिम सदस्यता के लिए एक सस्ता विकल्प भी है।

- लाल बत्ती पर इंजन बन्द करने की आदत डालें।
- ज़िम्मेदारी से बिजली की खपत करने के लिए ख़ुद को और अपने परिवार को अनुशासित करें। जब आप उनका उपयोग नहीं कर रहे हों तो रोशनी, पंखों और एयर कंडीशनर को बन्द कर दें।
- एल ई डी प्रकाश व्यवस्था की तरह हरे समाधान का इस्तेमाल करें। अपनी विद्युत आवश्यकताओं के लिए ऊर्जा-कुशल मोटर,पंखों, एयर कंडीशनर, कूलर, रेफ्रिजरेटर, ट्रांसफार्मर और पम्पों का उपयोग करने का प्रयास करें। वायु प्रदूषण की समस्या में न केवल आप कम योगदान देंगे, बल्कि आपके बिजली के बिल भी कम होंगे।
- काग़ज़ का इस्तेमाल बन्द कर दें। यह एक आदर्श, दुनिया भर में पालन किया जा रहा है। बेवजह प्रिंटर का इस्तेमाल न करें। जो कुछ पढ़ना हो आप अपने उपकरणों पर पढ़ें।
- सफ़ेद कार ख़रीदें, क्योंकि सफ़ेद प्रकाश को दर्शाता है और इस कारण, गर्मी भी। एक सफ़ेद कार, गहरे रंग की कार की तुलना में, थोड़ा-सा, कम ऊर्जा की खपत करेगी।
- अपने कम्प्यूटर पर सेटिंग भी बदलें, ताकि वे कुछ मिनटों से अधिक समय तक अप्रयुक्त रहने पर 'स्लीप' कर जायें। मुख्य स्विच का उपयोग करके एयर कंडीशनर जैसे उपकरणों को बन्द कर दें, न केवल रिमोट कंट्रोल के साथ।
- एक उच्च अल्बेडो सफ़ेद पेंट के साथ अपनी दीवारों और छतों को पेंट करें। अल्बेडो, परावर्तकता का एक माप है। यह एक सतह द्वारा

परावर्तित सौर विकिरण (शॉर्टवेव विकिरण) का कुल आने वाले सौर विकिरण से अनुपात है। इसलिए एक उच्च अल्बेडो पेंट से कमरा ठंडा रहता है क्योंकि गर्मी बाहर को फैल जाती है। कभी-कभी छत पर टूटी हुई सफ़ेद टाइलें रखने से भी यही प्रभाव होता है।

हमारी इमारतों को ठंडा रखने का एक बढ़िया तरीक़ा

ऊर्जा दक्षता पर शोध करते समय, कई समाधान थे जो हमारी टीम द्वारा विकसित और चर्चा किये गये थे। एक व्यावहारिक और आसान अभ्यास जिसमें क़रीब कुछ भी ख़र्च नहीं होता, वह यह है कि हम अपने पर्दे या शटर का उपयोग कैसे करते हैं। हमने पाया कि यह विधि भरोसेमन्द है।

गर्मियों में, सुबह के समय, अपने घर के पूर्वी हिस्से पर खिड़कियां, चटाई वाले पर्दे, और अन्य पर्दे बन्द कर दें। चूँकि सूरज, घर के इस हिस्से में सबसे तेज़ होगा, इसलिए आपके घर को अतिरिक्त गर्मी से बचाने के लिए, इसमें समझदारी है। इसी तरह शाम के समय अपने घर के पश्चिमी हिस्से में भी ऐसा ही करें। सर्दियों में, इसके बजाय, उन्हें खोलें। आप पायेंगे कि, साल के समय के मुताबिक़ आपकी इमारत ठंडा/गर्म रहेगा।

साफ़ हवा के हक़ के लिए लड़ने की ज़रूरत नहीं पड़नी चाहिए। लेकिन न हीं यह कुछ ऐसा है जिसे हम अनदेखा कर सकते हैं। यह एक ज़िम्मेदारी है जिसे सरकारों और नागरिकों के बीच साझा किया जाना चाहिए। भारत दुनिया भर के कई देशों में से एक है, जो वायु प्रदूषण से जूझ रहा है। लेकिन कुछ ऐसे भी हैं जिन्होंने हमें आगे का रास्ता दिखाया है।

मैंने अपना थोड़ा बहुत करने की कोशिश की क्योंकि मेरे पास कोई विकल्प नहीं था और मैं यह शहर छोड़ना नहीं चाहता था जो मेरा घर है। लेकिन जब मैं अपने आज पोता-पोतियों को देखता हूँ, तो उनका कसूरवार होने की भावना से बच नहीं पाता, जिस तरह की दुनिया हम उनके लिए छोड़कर जा रहे हैं। मुझे यह सोचकर दर्द होता है कि उनकी उम्र में, जब उनका स्वास्थ्य अपने चोटी पर होना चाहिए और उनकी संज्ञानात्मक क्षमताओं का विकास हो रहा है, तो उन्हें एक ऐसा जीवन जीने के लिए मजबूर किया जाता है जो उतना सही नहीं है जितना

कि होना चाहिए। वे एक ऐसी उम्र में हैं जब उन्हें, अपने दोस्तों के साथ, पार्कों में बाहर खेलते हुए होना चाहिए; इसके बजाय, मुझे कभी-कभी लगता है कि, उनके लिए घर पर होना बेहतर है जहाँ वे आई पैड के साथ ख़ुद का मनोरंजन कर सकते हैं, घर के अन्दर, जहाँ हवा यन्त्रवत् शुद्ध होती है।

जितना मैं इस शहर से प्यार करता हूँ, जिसमें मैं रहता हूँ, कभी-कभी मैं अपने परिवार को दिल्ली से दूर जाने के लिए भी प्रोत्साहित करता हूँ, ख़ासकर दिवाली से होली तक! अगर मेरा बस चले तो, जब भी वे घर से बाहर निकलते तो उन्हें मास्क पहना देता, लेकिन बच्चों के लिए यह किस तरह का जीवन होता? फुटबॉल, क्रिकेट, स्क्वैश, टेनिस या कबड्डी को मास्क पहनकर खेलने की कल्पना करें!

अगर कभी देश के एक अरब से अधिक लोगों का एकजुट होकर, सामूहिक रूप से, लड़ने का समय हो, तो यह अब ही है।

लेखकों पर एक टिप्पणी

कमल मीयत्तल पहाड़पुर बिज़नेस सेंटर (पी बी सी) के अध्यक्ष एमेरिटस हैं—भारत के उच्च वायु प्रदूषण समाधान प्रदाता। पी बी सी, एन सी आर में, सबसे स्वस्थ कार्यक्षेत्र है, जिसे सी पी सी बी द्वारा प्रमाणित किया गया है। उनके ग्राहकों में माइक्रोसॉफ्ट, एच पी, इंटेल और मैनेसमैन डेमैग के अलावा 300 से अधिक प्रसिद्ध कॉर्पोरेट नाम शामिल हैं, जिन्होंने पी बी सी का उपयोग किया है। मीयत्तल भारतीय प्रौद्योगिकी संस्थान (आई आई टी), दिल्ली में बोर्ड ऑफ़ गवर्नर्स के पूर्व सदस्य और अखिल भारतीय तकनीकी शिक्षा परिषद (ए आई सी टी ई) के उत्तरी क्षेत्र के अध्यक्ष हैं। वे इंडो-जर्मन चैम्बर ऑफ़ कॉमर्स (आई जी सी सी) के पूर्व राष्ट्रीय अध्यक्ष भी रहे है और इसके उत्तरी क्षेत्र के वर्तमान अध्यक्ष हैं। वे इंडो-अमेरिकन चैम्बर ऑफ़ कॉमर्स (आई ए सी सी) के राष्ट्रीय अध्यक्ष भी रह चुके हैं। वे भारतीय हरित भवन परिषद (आई जी बी सी) की कार्यकारी टीम के सदस्य हैं और स्वास्थ्य और कल्याण पर मानकों के लिए इसकी समिति की अध्यक्षता करते हैं।

मीयत्तल, नोबेल पुरस्कार विजेता अल गोर द्वारा स्थापित जलवायु वास्तविकता परियोजना के एक ट्रस्टी हैं। उन्हें व्यक्तिगत रूप से गोर द्वारा जलवायु परिवर्तन के नेता के रूप में तैयार किया गया है।

2005 में, कमल को भारत के तत्कालीन राष्ट्रपति, डॉ. अब्दुल कलाम द्वारा पी एच डी चैम्बर के 'एथिक्स इज़ गुड बिज़नेस अवार्ड' से सम्मानित किया गया था। 2007 में, उन्हें सेंट जोसेफ कॉलेज द्वारा 'लाइफटाइम अचीवमेंट अवार्ड' और प्रतिष्ठित एम आई टी प्रतिष्ठित 'पूर्व छात्र पुरस्कार' से सम्मानित किया गया था।

उन्होंने 'सेव द ट्री ऑर्गेनाइजेशन', 'सेव टू-व्हीलर्स' और 'नेहरू प्लेस ग्रीन्स सोसाइटी' जैसे विभिन्न ग़ैर-सरकारी संगठनों की स्थापना की है।

अमेरिका में आयोजित, उनकी 'टेड टॉक', 'हाउ टू ग्रो फ्रेश एयर', तब से 33 लाख से अधिक लोगों के द्वारा देखी गयी है।

उन्होंने देहरादून में दून स्कूल में पढ़ाई की और सेंट जोसेफ कॉलेज, नॉर्थ प्वाइंट, दार्जिलिंग से बी एससी की डिग्री हासिल की, और स्लोन स्कूल ऑफ़ मैनेजमेंट, एम आई टी, यू एस ए, से मास्टर ऑफ़ साइंस की डिग्री हासिल की।

बरुन अग्गरवाल ब्रीद ईज़ी कंसल्टेंट्स प्राइवेट लिमिटेड (डब्ल्यु डब्ल्यु डब्ल्यु. ब्रीदईज़ीलैब्स.कॉम) के प्रमुख हैं—एक पूर्ण सेवा अन्दरूनी वायु गुणवत्ता समाधान प्रदाता। हवा की, जिन जगहों पर ब्रीद ईज़ी ने सफ़ाई की है, उनमें सिलेक्ट सिटीवॉक मॉल, ब्रिटिश स्कूल, जर्मन स्कूल, अमरीकी दूतावास स्कूल और दिल्ली में हीरो के कार्यालय शामिल हैं।

बरुण 'संयुक्त राज्य अमेरिका ग्रीन बिल्डिंग काउंसिल' के अन्दरूनी वायु गुणवत्ता मूल्यांकन कार्य समूह में कार्य करते हैं और अन्दरूनी एयर क्वालिटी एसोसिएशन, यू एस ए (इंडिया चैप्टर) के संस्थापक सदस्य भी हैं।

वे 'इश्राई' के सदस्य हैं और 'इश्राई' की अन्दरूनी पर्यावरण गुणवत्ता (आई ई क्यू) समिति के संस्थापक सदस्य हैं, जिन्होंने आई ई क्यू के लिए पहला अन्तर्राष्ट्रीय मानक विकसित किया है।

वे अल गोर द्वारा प्रशिक्षित एक जलवायु वास्तविकता नेता हैं। वे स्कूल ऑफ़ प्लानिंग एंड आर्किटेक्चर, नयी दिल्ली में 'निर्मित पर्यावरण में मानव कल्याण' पर एक पाठ्यक्रम भी विजिटिंग फैकल्टी के रूप में पढ़ाते हैं। वे 'केयर फॉर एयर' (डब्ल्यु डब्ल्यु डब्ल्यु.केयरफॉर एयर.ऑर्ग) के सह-संस्थापक हैं—एक ग़ैर-सरकारी संगठन जो भारत में वायु प्रदूषण और इसके स्वास्थ्य प्रभावों के बारे में जागरूकता पैदा करता है।

उन्होंने 'ऑस्ट्रेलियाई ग्रेजुएट स्कूल ऑफ़ मैनेजमेंट', यू एन एस डब्ल्यु, सिडनी, ऑस्ट्रेलिया और 'फुक्वा स्कूल ऑफ़ बिज़नेस', ड्यूक यूनिवेर्सिटी, यू एस ए से एम बी ए किया है। वह अपनी पत्नी और दो बच्चों के साथ, नयी दिल्ली में रहते हैं।

‘जलवायु वास्तविकता’ परियोजना पर एक टिप्पणी

‘जलवायु वास्तविकता’ एक जलवायु परिवर्तन नेतृत्व कार्यक्रम है जिसकी स्थापना नोबेल पुरस्कार विजेता और पूर्व अमेरिकी उपराष्ट्रपति, अल गोर, ने 2006 में की थी। कार्यक्रम का लक्ष्य समाज के हर वर्ग में तत्काल कार्रवाई को एक आवश्यकता बनाकर, जलवायु संकट के वैश्विक समाधान को उत्प्रेरित करना है। ‘जलवायु वास्तविकता’ की दस देशों में शाखाएँ हैं और 110 से अधिक देशों में उपस्थिति है। वर्तमान में, यह अन्तरराष्ट्रीय स्तर पर 14,000 से अधिक विविध और समर्पित स्वयंसेवकों का समर्थन करता है जिन्हें ‘जलवायु वास्तविकता नेता’ कहा जाता है। यह कार्यक्रम ‘24 घंटे की वास्तविकता’ नामक एक वार्षिक वैश्विक जागरूकता अभियान आयोजित भी करता है, जो 2017 में टीवी पर 5 हज़ार लाख और 3 लाख से अधिक ऑनलाइन दर्शकों के साथ सबसे बड़े प्रसारित, सामाजिक कार्यक्रमों में से एक है।

‘क्लाइमेट रियलिटी इंडिया’ शाखा जलवायु परिवर्तन शिक्षा और जागरूकता पर काम करने वाला एक स्वतन्त्र अध्याय है। यह 2008 में स्थापित किया गया था जब पहला ‘जलवायु नेताओं’ का प्रशिक्षण भारत में, अल गोर द्वारा, आयोजित किया गया था। इसके बाद 2015 में दूसरा प्रशिक्षण आयोजित किया गया। वर्तमान में, पूरे देश में 550 से अधिक प्रशिक्षित जलवायु वास्तविकता नेता हैं। नयी दिल्ली में ‘इंडियन ट्रस्ट’ कार्यालय के मंडल पर प्रसिद्ध लोग हैं, जो समुदायों और सरकार के साथ मिलकर काम कर रहे हैं।

चूँकि भारत उन देशों में से एक है, जहाँ स्कूलों में बच्चों की सबसे बड़ी संख्या है, इसलिए ‘जलवायु जागरूकता’ कार्यक्रम ‘जलवायु वास्तविकता, भारत’ द्वारा देश भर के स्कूलों में आयोजित किया जा रहा है।

‘क्लाइमेट रियलिटी इंडिया’ ने पहले ही ‘शिक्षक प्रशिक्षण कार्यक्रम’ के तहत 4000 से अधिक शिक्षकों को प्रशिक्षित किया है, जलवायु चुनौतियों के बारे में सिखाने के लिए, स्कूलों के अन्दर क्षमता का निर्माण करने के उद्देश्य से।

पर्यावरण शिक्षा में नेतृत्व का और आगे निर्माण करने के लिए ,‘जलवायु वास्तविकता’ ने विभिन्न राज्यों में जलवायु शिक्षा और सतत विकास के लक्ष्यों पर ‘प्रिंसिपल्स कॉन्क्लेव' आयोजित करने के लिए, यूनेस्को के साथ साझेदारी की है। इसने स्कूलों को हरित भवनों के रूप में प्रमाणित करने में मदद करने के लिए ‘भारतीय ग्रीन बिल्डिंग काउंसिल’ के साथ भी साझेदारी की है।

‘जलवायु वास्तविकता’ भारत में और विश्व स्तर पर नीति निर्माताओं के कुछ समाधान जैसे सौर, पवन और इलेक्ट्रिक वाहनों जैसे स्वच्छ ऊर्जा समाधानों की वकालत करती है। भारत में, सौर ऊर्जा की वैश्विक स्वीकृति और सक्रिय संवर्धन के लिए अन्तर्राष्ट्रीय सौर गठबन्धन के साथ सक्रिय साझेदारी को भी आगे बढ़ाया जा रहा है।

‘जलवायु वास्तविकता. भारत’ सक्रिय रूप से और हरित आवरण को बढ़ाने के लिए ग्रामीणों की मदद से फलों के पेड़ लगाकर उनके आय को पूरक करने का समर्थन करता है। संगठन वर्षा जल संचयन पर जल संरक्षण अभियानों का भी समर्थन करता है।

पुणे में वर्षा जल संचयन के लिए एक शहरी योजना लागू की गयी है और महाराष्ट्र के, बीड ज़िले में, एक ग्रामीण योजना लागू की जा रही है।

पहाड़पुर बिज़नेस सेंटर पर एक टिप्पणी

पह ड़पुर बिज़नेस सेंटर एक पेशेवर वातावरण में पहाड़ की गुणवत्ता वाली ताज़ी हवा के साथ, बढ़िया जगह प्रदान करता है। यह केन्द्र अत्याधुनिक सुविधाओं से लैस है। पी बी सी शायद, पाँच अन्तरराष्ट्रीय मानकों द्वारा प्रमाणित, दुनिया की एकमात्र कम्पनी है। इसे भारतीय उद्योग परिसंघ के प्रकाशन 'मैनेजिंग एनवायरनमेंट पेस'— भारतीय उद्योग से सफलता की कहानियाँ 2003 में भी चित्रित किया गया है। पी बी सी को सी पी सी बी, पर्यावरण और वन मन्त्रालय, भारत सरकार और चितरंजन राष्ट्रीय कैंसर संस्थान द्वारा, दिल्ली में सबसे स्वस्थ 'रेडी-टू-मूव-इन' कार्यालय भवन का दर्जा दिया गया है। यह एक यू एस ग्रीन बिल्डिंग काउंसिल-प्रमाणित एल ई ई डी प्लैटिनम बिल्डिंग है—एक एल ई ई डी डायनेमिक प्लाक के साथ, ऊर्जा, पानी, अपशिष्ट, परिवहन और मानव अनुभव के उपयोग से सम्बन्धित निर्माण प्रदर्शन की वास्तविक समय की निगरानी के लिए, दुनिया भर में अन्य एल ई ई डी-प्रमाणित इमारतों की तुलना में। पहाड़पुर को वर्ष 2000 में 28 वाट घंटे प्रति वर्ग मीटर के ए ए एच ई पी आई के साथ ऊर्जा दक्षता ब्यूरो पाँच सितारा-भवन प्रमाणित किया गया है, और वर्तमान में यह 17 वाट घंटे प्रति वर्ग मीटर पर काम कर रहा है। पी बी सी को अन्तरराष्ट्रीय मान्यताओं के साथ प्रमाणित किया गया है—आई एस ओ 9001, 14001, 22000, 50001, ओ एच एस ए एस 18001और भारतीय खाद्य सुरक्षा और मानक प्राधिकरण से अनुमोदित है। पी बी सी भी एक एन ए बी ई आर एस प्रमाणित इमारत (अन्दरूनी पर्यावरण गुणवत्ता के लिए) है और 2015 में सी ई टी ई सी 5 'पाम रेटिंग' (स्वस्थ और टिकाऊ ऑपरेटिंग बिल्डिंग

के लिए) प्राप्त किया गया है। पी बी सी संयुक्त राष्ट्र ग्लोबल कॉम्पैक्ट और महिला सशक्तीकरण सिद्धान्तों के लिए एक हस्ताक्षरकर्ता भी है।

पी बी सी को 2018 में सी आई आई-आई जी बी सी प्लैटिनम-रेटेड इमारत प्रमाणित किया गया था, इसके निवासियों के स्वास्थ्य और कल्याण के लिए। पी बी सी 'सर्वश्रेष्ठ कार्यस्थल', फरवरी 2013, सी आई आई, दिसम्बर 2009 से 'जल प्रबन्धन में उत्कृष्टता' के लिए राष्ट्रीय पुरस्कार, बी ई ई, दिसम्बर 2009 द्वारा कार्यालय भवन क्षेत्र में 'ऊर्जा संरक्षण प्रथाओं' के लिए राष्ट्रीय ऊर्जा संरक्षण पुरस्कार जैसे अन्य, विभिन्न पुरस्कारों का भी प्राप्तकर्ता है।

‘ब्रीद ईज़ी’ पर एक टिप्पणी

जब बरुन अग्गरवाल ने ‘ब्रीद ईज़ी’ की स्थापना की, तो यह केवल बड़ी वाणिज्यिक इमारतों पर ध्यान केन्द्रित करने वाला एक उद्यम था। लेकिन जब अग्गरवाल के बच्चों की साँस में, लोधी गार्डन में, दौड़ लगाते समय, घरघराहट शुरू हुई, तो उन्होंने फ़ैसला किया कि और अधिक करने की आवश्यकता है।

मीयत्तल के काम को बढ़ाते हुए, अग्गरवाल, भारतीय जलवायु की स्थितियों के लिए सबसे अच्छा चलता फिरता एयर प्यूरीफायर खोजने निकले। उन्होंने और उनकी टीम ने पन्द्रह कड़े मापदंडों में अट्ठाईस अलग-अलग मॉडलों का परीक्षण किया। अपने बच्चों के बेडरूम में एयर प्यूरीफायर लगाने के छह सप्ताह बाद, उनकी घरघराहट बन्द हो गयी। चलते फिरते समाधान के व्यवसाय का जन्म हुआ।

आज, ब्रीद ईज़ी भारत में और उससे आगे भी, पहाड़—ताज़ी हवा लाता है, जो बाज़ार में सबसे अच्छा चलता-फिरता एयर प्यूरीफायर के प्रदान के साथ-साथ घरों, कार्यालयों, मॉल, स्कूलों, अस्पतालों, होटलों इत्यादि के लिए अनुकूलित व्यापक समाधान प्रदान करता है। नयी अभिनव प्रौद्योगिकियों के साथ, ‘ब्रीद ईज़ी’ एक इमारत के ऊर्जा उपयोग को 20 से 30 प्रतिशत तक कम भी कर देता है।

आभार

हम अपने सम्पादक, त्रिशा बोरा को उनके धैर्य, इस परियोजना में उनके दृढ़ विश्वास, लेखन और सामग्री के संगठन में सादगी की उनकी अथक खोज के लिए धन्यवाद देना चाहते हैं।

यह पुस्तक उनके समर्पण के बिना सम्भव नहीं थी।

हम नीलांजना बोस को उनकी सम्पादकीय सहायता और दृढ़ समर्थन के लिए भी धन्यवाद देना चाहते हैं।

हम पहाड़पुर बिज़नेस सेंटर, नयी दिल्ली, में प्रबन्धन और टीम को वास्तविक दुनिया के अनुभव के लिए धन्यवाद देते हैं, जिससे हमें लाभ हुआ है।

सन्दर्भ

1. डब्ल्यू एच ओ ग्लोबल एम्बिएंट एयर क्वालिटी डेटाबेस (अपडेट 2018), विश्व स्वास्थ्य संगठन। http://www.who.int/airpollution/data/cities/en/
2. 'होल्डिंग यॉर ब्रेथ इन इंडिया', गार्डिनर हैरिस, न्यूयॉर्क टाइम्स, 29, मई 2015। https://www.nytimes.com/2015/05/31/opinion/sunday/holding-your-breath-in-india.html
3. 'दिल्ली एयर मेड अरविन्द केजरीवाल सिक, कहते हैं बैंगलोर के डॉक्टर', हर्षा राज गट्टी और पृथा चटर्जी, इंडियन एक्सप्रेस, 1, अप्रैल 2015। https://indianexpress.com/article/india/india-others/delhi-air-made-arvind-kejriwal-ill-says- bangalore-doctor/
4. 'दिल्ली एक गैस चैम्बर बन गया है। हर साल यह इस समय ऐसा होता है। हमें आस-पास के राज्यों में जलती फ़सल के लिए एक समाधान ढूँढ़ना होगा, '@arvindkejriwal, 6, Nov 2017। https://twitter.com/arvindkejriwal/status/9277 85134803136512?lang=en
5. 'प्रदूषण बन्द करता है दिल्ली टेस्ट मैच, क्योंकि गेंदबाज साँस लेने के लिए संघर्ष करते हैं', माइकल सफी, गार्जियन, 2 दिसम्बर, 2017। https://www.theguardian.com/world/2017/dec/03/pollution-stops-play-at-delhi-test-match as- bowlers-struggle-to-breathe

6. https:// www.thelancet.com/commissions/pollution-and-health
7. 'मिलिए दिल्ली के प्रदूषण प्रवासियों से, जिन्होंने, बढ़ते धुँधलापन के स्तर के कारण शहर छोड़ दिया है', छवि भाटिया, डी एन ए, 9 जून, 2018। http://www.dnaindia.com/delhi/report-smoked-out-in-national-capital-2623430
8. वायु प्रदूषण : क्या आप अपने बच्चे को स्वास्थ्यपूर्ण बड़े होते देखना चाहते हैं? 'दिल्ली से बहार निकलिए', तारिक अनवर, फर्स्टपोस्ट, 4 अप्रैल, 2015। https://www.firstpost.com/living/air-pollution-want-kid-grow-healthy-get-delhi-2184397.html
9. 'पार्टिकुलेट वायु प्रदूषक, ए पी ओ ई एलील्स और वृद्ध महिलाओं में संज्ञानात्मक हानि के लिए उनके योगदान और प्रयोगात्मक मॉडल में एमिलॉयडोजेनेसिस', ट्रांसलेशनल मनोचिकित्सा, 31 जनवरी, 2017। https://www.natur e.co m/articles/tp2016280
10. 'हो सकता है, आपकी इमारत आपको बीमार कर रही हो। जो एलन मदद कर सकते हैं', कोलीन वाल्श, हार्वर्ड राजपत्र, 2018. https://news.harvard.edu/gazette/story/2018/02/your-building-might-be-making-you-sick-joe-allen-can-help/
11. 'थर्मल और अन्दरूनी वायु गुणवत्ता कार्यालय और स्कूल के कार्य प्रदर्शन पर प्रभाव', पर दस सवाल, पावेल वारगोकी, डी टी यू ऑर्बिट, अनुसन्धान सूचना प्रणाली, डेनमार्क के तकनीकी विश्वविद्यालय, 2017। https://www.sciencedi rect.com/science/article/ pii/S0360132316304449
12. 'अन्तरराष्ट्रीय ऊर्जा आउटलुक', अमेरिकी ऊर्जा सूचना प्रशासन, 2010। http://large.stanford.edu/courses/2010/ph240/riley2/docs/EIA-0484-2010.pdf

13. 'विश्व ऊर्जा संसाधन 2016', विश्व ऊर्जा परिषद। https://www.worldenergy.org/wp-content/uploads/2016/10/World-Energy- Resources-Full-report-2016.10.03.pdf
14. 'अन्दरूनी वायु प्रदूषण उपशमन के लिए इनडोर लैंडस्केप प्लांट्स', नासा, जॉन सी. स्टेनिस स्पेस सेंटर, विज्ञान और प्रौद्योगिकी प्रयोगशाला, 15 सितम्बर, 1989। https://ntrs.nasa.gov/archive/nasa/casi.ntrs.nasa.gov/19930073077.pdf
15. 'विश्व शहरीकरण की सम्भावनाएँ, आर्थिक और सामाजिक मामलों का विभाग', संयुक्त राष्ट्र, 2014। https://esa.un.org/unpd/wup/publications/files/wup2014-highlights.pdf

●●

लेखक परिचय

कमल मीयत्तल

चेयरमैन एमेरिटस, पहाड़पुर बिजनेस सेंटर (पीबीसी) दिल से एक पर्यावरणविद् हैं।

उनके पास द स्लोन स्कूल ऑफ़ मैनेजमेंट, एमआईटी, यूएसए से प्रबन्धन में मास्टर डिग्री है।

कमल का पर्यावरण, जलवायु मुद्दों और ऊर्जा दक्षता के प्रति दृढ़ विश्वास निहित है।

अनिवार्य सरकारी डिज़ाइन के लिए निर्मित, पीबीसी भारत में पहला रेट्रोफिट कार्यालय भवन है, जो USGBC LEED प्लेटिनम प्रमाणित है। यह लीड आर्क के साथ भारत में पहला है, यह दर्शाता है कि वास्तविक समय के आधार पर इमारत कैसा प्रदर्शन कर रही है और दूसरों के साथ तुलना की जा सकती है। यह CII-IGBC द्वारा अपने रहने वालों के स्वास्थ्य और भलाई के लिए प्लेटिनम रेटेड भारत का पहला कार्यालय भवन भी है। यह एक बीईई फ़ाइव स्टार रेटेड इमारत है और वर्तमान में 17 Whr/hr/sqm पर चल रही है।

पीबीसी अपनी असाधारण इनडोर वायु गुणवत्ता, सुरक्षा और मानव उत्पादकता में सुधार के लिए प्रसिद्ध है। यह सात हज़ार से अधिक विशेष इनडोर पौधों के साथ अपनी ख़ुद की ताज़ी हवा घर के अन्दर उगाता है और प्रौद्योगिकी का उपयोग करता है।

www.pbcnet.com

उन्होंने तीन सामान्य पौधों का उपयोग करते हुए 'ताज़ी हवा कैसे उगाएँ' के बारे में बताया। इस TED टॉक को 3.9 मिलियन से अधिक लोगों ने देखा है।

http://www.ted.com/talks/kamal_meattle_on_how_to_grow_your_own_fresh_air.html

'न्यूयॉर्क टाइम्स' में भी इसकी सूचना दी गयी है। इसे देखने के लिए नीचे दिये गये लिंक पर क्लिक करें।

pogue.blogs.nytimes.com/2009/02/10/teds-greatest-hits/

उन्होंने 'हाउ टू ग्रो फ्रेश एयर' पर जगरनॉट द्वारा प्रकाशित एक पुस्तक का सह-लेखन किया है, जो घर प्रदूषण का सरल समाधान प्रदान करती है और कैसे स्वस्थ रहें और पूरी क्षमता से किसी की संज्ञानात्मक क्षमता में सुधार करें।

वर्तमान में, वह ग्लोबल वार्मिंग के मुद्दे पर ध्यान केन्द्रित कर रहे हैं और समाधान खोजने के लिए कॉर्पोरेट और बच्चों के साथ जुड़े मुद्दों को उठा रहे हैं।

उन्हें 'असुविधाजनक सत्य' प्रस्तुति के माध्यम से अपना जलवायु सन्देश देने के लिए नोबेल पुरस्कार विजेता श्री अल गोर द्वारा व्यक्तिगत रूप से प्रशिक्षित किया गया है।

हेल भारत में नोबेल पुरस्कार विजेता अल गोर द्वारा स्थापित द क्लाइमेट रियलिटी प्रोजेक्ट के ट्रस्टी हैं।

www.climatereality.org.in

ब्रीथईज़ी™ पीबीसी द्वारा विकसित एक सफल स्टार्ट अप है, जिसकी एक व्यापक सन्दर्भ सूची है जो अब अन्य लोगों को सस्ती क़ीमत पर ऊर्जा के उपयोग को कम करते हुए इनडोर वायु गुणवत्ता में सुधार के लिए समाधानों को लागू करने में मदद करती है। इसने 2022 में एशियाई विकास बैंक,

मनीला द्वारा IAQ/बिल्डिंग में ऊर्जा दक्षता के लिए एक अन्तरराष्ट्रीय प्रतियोगिता जीती।

www.breatheeasylabs.com

कमल सीआईआई-आईजीबीसी के कार्यकारी परिषद सदस्य, दिल्ली समिति सीआईआई के सदस्य, राष्ट्रीय सीआईआई पर्यावरण समिति के सदस्य और उत्तरी क्षेत्र, इंडो-जर्मन चैम्बर ऑफ़ कॉमर्स के अध्यक्ष हैं।

2005 में कमल को भारत के पूर्व राष्ट्रपति ए.पी.जे. अब्दुल कलाम द्वारा PHD चैम्बर, 'एथिक्स इज़ गुड बिजनेस अवार्ड' से सम्मानित किया गया था।

उन्हें 2007 में MIT, USA द्वारा प्रतिष्ठित विशिष्ट पूर्व छात्र पुरस्कार से सम्मानित किया गया और सेंट जोसेफ कॉलेज, नॉर्थ पॉइंट, दार्जिलिंग द्वारा लाइफ़टाइम अचीवमेंट अवार्ड से सम्मानित किया गया।

हेल के पास उनके नाम कई पेटेंट हैं।

कमल पूर्व रहे हैं :

1. आईआईटी दिल्ली के गवर्निंग बोर्ड के सदस्य।

2. अध्यक्ष एआईसीटीई, उत्तरी क्षेत्र।

3. सर्वोदय विद्यालय के बोर्ड सदस्य।

4. इंडो-अमेरिकन चैम्बर ऑफ़ कॉमर्स के राष्ट्रीय अध्यक्ष।

5. इंडो-जर्मन चैम्बर ऑफ़ कॉमर्स के राष्ट्रीय अध्यक्ष।

बरुन अग्गरवाल

सीईओ—ब्रीथईज़ी कंसल्टेंट्स प्राइवेट लिमिटेड

बरुन अग्गरवाल कई महाद्वीपों में क़रीब पच्चीस वर्षों से फैले बहुमुखी पृष्ठभूमि और अन्तरराष्ट्रीय अनुभव के साथ एक धारावाहिक उद्यमी हैं। वर्तमान में वह ब्रीथईज़ी कंसल्टेंट्स प्राइवेट लिमिटेड के प्रमुख हैं—एक पूर्ण सेवा इंडोर एयर क्वालिटी (IAQ) समाधान प्रदाता जिसका फ़ोकस न केवल इंडोर एयर क्वालिटी (IAQ) है बल्कि ऊर्जा संरक्षण भी है।

उन्होंने जगरनॉट बुक्स द्वारा प्रकाशित एक पुस्तक—'हाउ टू ग्रो फ्रेश एयर' का सह-लेखन किया है।

वह इंडोर एयर क्वालिटी एसोसिएशन (आईएक्यूए), यूएसए-इंडिया चैप्टर के संस्थापक सदस्य हैं और आईएक्यूए, इंडिया चैप्टर के तत्काल पिछले चैप्टर के निदेशक हैं।

वह ISHRAE के सदस्य हैं और ISHRAE की IEQ समिति के संस्थापक सदस्य हैं जिसने IEQ (इनडोर एनवायरनमेंटल क्वालिटी) के लिए पहला अन्तरराष्ट्रीय मानक विकसित किया है, जो 2016 में प्रकाशित हुआ था। वह COVID-19 HVAC दिशानिर्देश समिति के सदस्य भी हैं।

उन्होंने यूनाइटेड स्टेट्स ग्रीन बिल्डिंग काउंसिल (USGBC) के इंडोर एयर क्वालिटी असेसमेंट वर्किंग ग्रुप में काम किया है।

वह ASHRAE (इंडिया चैप्टर) के सदस्य हैं और ASHRAE (इंडिया चैप्टर) के बोर्ड ऑफ़ गवर्नर्स (BOG) के सदस्य रहे हैं।

वे उपराष्ट्रपति अल गोर द्वारा प्रशिक्षित जलवायु वास्तविकता नेता हैं। पर्यावरण के लिए उनका जुनून, उन्हें हवा की गुणवत्ता, पानी की गुणवत्ता और जलवायु परिवर्तन पर बोलने के लिए दुनिया भर में ले जाता है।

वह विजिटिंग फैकल्टी के रूप में स्कूल ऑफ़ प्लानिंग एंड आर्किटेक्चर,

नयी दिल्ली में निर्मित पर्यावरण में मानव कल्याण पर एक पाठ्यक्रम पढ़ाते हैं। और अनन्त नेशनल यूनिवर्सिटी में एयर क्वालिटी पर फेलो प्रोग्राम पढ़ाया है।

वह बाहरी वायु प्रदूषण के सामाजिक प्रभाव के बारे में और भी भावुक हैं और उन्होंने एक एनजीओ—केयर फ़ॉर एयर (www.careforair.org) की सह-स्थापना की है—जो भारत में वायु प्रदूषण और इसके स्वास्थ्य प्रभावों के बारे में जागरूकता पैदा करता है। केयर फ़ॉर एयर का लक्ष्य जागरूकता, समर्थन और परिवर्तन है। वह भारत भर के स्कूली बच्चों को वायु प्रदूषण और जलवायु परिवर्तन का सन्देश देते हैं।

इससे पहले, बरुन ने टैलेंटजिनी, इंक. की स्थापना की और भर्ती के क्षेत्र में अमेरिका और भारत आधारित आउटसोर्सिंग प्ले चलाया। वह ज्यूरिख और नयी दिल्ली में स्थित फ़ोटोबुक डिजाइन कम्पनी पिकपरफेक्ट एजी में भागीदार हैं। इससे पहले, उन्होंने Concurrent Computer Corp (NASDAQ : CCUR) में आठ वर्षों तक विभिन्न क्षमताओं में काम किया, जाने से पहले यूरोपीय बिक्री और व्यवसाय विकास का नेतृत्व किया।

उन्होंने ऑस्ट्रेलियन ग्रेजुएट स्कूल ऑफ़ मैनेज़मेंट, यूएनएसडब्ल्यू, सिडनी, ऑस्ट्रेलिया और फुक्वा स्कूल ऑफ़ बिजनेस, ड्यूक यूनिवर्सिटी, एनसी, यूएसए से एमबीए किया है।

बरुन एक शौक़ीन गोल्फर हैं। 2010 में वे भारत आ गये और वर्तमान में, अपनी पत्नी और दो बच्चों के साथ नयी दिल्ली में रहते हैं। उन्हें गोल्फ खेलना, दौड़ना, पढ़ना और लम्बी पैदल यात्रा करना भी पसन्द है।

ब्रीथईज़ी™ के बारे में अधिक जानकारी के लिए कृपया वेबसाइट पर जायें : www.BreatheEasyLabs.com; एक ईमेल भेजें : barun@BreatheEasyLabs.com और/या LinkedIn (Breathe Easy Consultants), Twitter (@BreatheEasyLabs) और Facebook (/BreatheEasyLabs) पर ब्रीथईज़ी को फ़ॉलो करें।

वसन्ती मीयत्तल

(अनुवादक)

वसन्ती मीयत्तल दिल्ली विश्वविद्यालय से भौतिकी में स्नातकोत्तर हैं। उनकी शिक्षा का माध्यम अंग्रेज़ी रहा है। वह हिन्दी भाषा में धाराप्रवाह हैं। दिल्ली में रहने के कारण उनको हिन्दी भाषा की भी अच्छी जानकारी है।

वर्तमान में, वसन्ती अंग्रेज़ी से हिन्दी भाषा में अनुवाद करने में व्यस्त हैं। वह टीवी शो, यूट्यूब वीडियो और विभिन्न दस्तावेज़ों के लिए उपशीर्षक का अनुवाद करती रही हैं।

वसन्ती अपना समय दिल्ली और मुम्बई—दो शहरों के बीच बाँटती हैं। उनका एक बेटा और एक बेटी और साथ ही एक पोता है जो सभी मुम्बई में रहते हैं। वह व्यापक रूप से यात्रा करती हैं और उपन्यास पढ़ने के साथ-साथ लिखना भी पसन्द करती हैं।